New Media

新媒体·新传播·新运营 系列丛书

网络与新媒体广告

乔晓娜 莫黎 / 主编　武会玲 陈怡桉 / 副主编

人民邮电出版社

北京

图书在版编目（ＣＩＰ）数据

网络与新媒体广告 / 乔晓娜，莫黎主编. -- 北京：
人民邮电出版社，2021.6
（新媒体·新传播·新运营系列丛书）
ISBN 978-7-115-56125-1

Ⅰ. ①网… Ⅱ. ①乔… ②莫… Ⅲ. ①网络广告②传
播媒介－广告 Ⅳ. ①F713.8

中国版本图书馆CIP数据核字(2021)第043415号

内 容 提 要

当前，网络与新媒体给广告行业带来了巨大的冲击和变革，其在流量转化和用户群体细分上的表现让企业和广告人日益感受到其巨大的发展优势。

本书以行业应用为导向，从网络与新媒体广告的类型到网络与新媒体广告策划，从网络与新媒体广告市场分析到网络与新媒体广告策略，从新媒体广告的创意到新媒体广告的设计，从网络与新媒体广告的媒介到网络与新媒体广告效果评估，对网络与新媒体广告的相关内容进行了深入解读。

本书内容新颖，通俗易懂，既适合网络与新媒体广告从业人员、新媒体营销人员、新媒体运营人员等阅读和学习，也可作为本科院校及职业院校广告类课程的教材。

- ◆ 主　　编　乔晓娜　莫　黎
　　副主编　武会玲　陈怡桉
　　责任编辑　连震月
　　责任印制　王　郁　焦志炜
- ◆ 人民邮电出版社出版发行　北京市丰台区成寿寺路11号
　　邮编　100164　电子邮件　315@ptpress.com.cn
　　网址　https://www.ptpress.com.cn
　　固安县铭成印刷有限公司印刷
- ◆ 开本：787×1092　1/16
　　印张：11.5　　　　　　　　　2021 年 6 月第 1 版
　　字数：270 千字　　　　　　　2025 年 1 月河北第 9 次印刷

定价：42.00 元

读者服务热线：(010)81055256　印装质量热线：(010)81055316
反盗版热线：(010)81055315
广告经营许可证：京东市监广登字 20170147 号

前言
PREFACE

中国互联网络信息中心（CNNIC）发布的第45次《中国互联网络发展状况统计报告》显示：截至2020年3月，我国网民规模达9.04亿人，互联网普及率达64.5%；手机网民规模达8.97亿人，网民使用手机上网的比例达99.3%，手机网民数量保持稳定增长。由此可见，一个普遍意义上的网络与新媒体时代已经到来。

每一种新型媒介的出现，必然都是对以往媒介功能的补充与完善。网络与新媒体的出现满足了人们渴望发声、渴望分享、渴望交流、渴望互动的需求，也满足了人们渴望以一种更快速、更便捷的方式获取与传播更多个性化信息的需求。

由于市场环境和传播环境的改变，单纯的"广而告之"的时代已经结束。企业要想推广品牌、产品、服务或观念，采用传统的广告方法不仅很难奏效，而且从投入与产出的角度来说也得不偿失。

在网络与新媒体时代，广告的传播方式得到了极大拓展。传统媒体广告主要是通过各种媒介进行宣传，把商品和服务信息推送到消费者面前；而网络与新媒体广告主要是通过提供可选择、有价值的信息吸引消费者。与传统媒体广告相比，网络与新媒体广告不但拉近了消费者与广告的距离，而且广告形式变得更加多元化，传播得更加广泛且有效。因此，要想在网络与新媒体时代继续实现广告的传播价值，企业就有必要了解并掌握网络与新媒体广告的玩法。

为了更好地帮助企业和院校培养网络与新媒体的应用型人才，满足人才培养由知识型向能力型转变的需要，我们特别策划并编写了本书。本书以网络与新媒体广告为主要研究对象，涵盖网络与新媒体广告理论与实践的各个环节，有利于培养读者在网络与新媒体环境下的广告设计、策划和传播的能力。

本书共9章，内容主要包括网络与新媒体广告认知、网络与新媒体广告的类型、网络与新媒体广告策划、网络与新媒体广告市场分析、网络与新媒体广告策略、新媒体广告的创意、新媒体广告的设计、网络与新媒体广告的媒介，以及网络与新媒体广告效果评估。

本书主要具有以下特色。

● **强化应用、注重技能。**本书以行业应用为导向，深入解读了网络与新媒体广告的相关知识。本书突出了"以应用为主线，以技能为核心"的编写特点，体现了"导教相融、学做合一"的教学思想。

● **案例主导、学以致用。**本书列举了大量精彩的案例，具有很强的实践指导性，既关注理论前沿问题，又注重理论的实际应用。理论与实践相结合，使读者能够真正取得学以致用、举一反三的学习效果。

● **图解教学、资源丰富**。本书采用图解教学的体例形式，以图析文，让读者通过更直观、更清晰的方式掌握网络与新媒体广告的理论与实际技巧。同时，本书提供了丰富的教学资源，其中包括PPT、教学大纲、教案、案例资源包、习题答案等，读者可以登录人邮教育社区（www.ryjiaoyu.com）下载获取。

　　本书由乔晓娜、莫黎担任主编，由武会玲、陈怡桉担任副主编。尽管我们在编写过程中力求准确、完善，但书中难免存在疏漏与不足之处，恳请广大读者批评指正。

编　者

2021年2月

目录
CONTENTS

第1章 网络与新媒体广告认知

学习目标

◆ 了解广告的定义、类型和构成要素。

◆ 了解广告媒介的发展及广告的运作流程和基本原理。

◆ 了解网络与新媒体的界定和特点。

◆ 了解网络与新媒体广告和新媒体时代广告传播的特点。

◆ 掌握网络与新媒体广告的表现形态。

广告既是一门科学，又是一门艺术，同时还是一个不断发展、变化的生命体。随着互联网的迅速发展和新媒体的不断涌现，广告也发生了日新月异、翻天覆地的变化。如今，网络与新媒体广告已经成为广告领域的新阵地，其在流量转化和用户群体细分上的优势让企业和广告人日益感受到其不可估量的发展优势。本章主要讲解广告与广告传播、网络与新媒体的特征及网络与新媒体广告的表现形态等知识。

1.1 广告与广告传播

在现代社会，广告几乎无处不在。广告不仅仅是一种供需信息，还是人类生活方式与文明进步的推手。广告是一种营销传播活动，它借助媒介把营销信息传递给消费者，从而达到广而告之的目的。在广告的推动下，消费文化已经成为现代社会的一道文化景观。

1.1.1 广告的定义与类型

在不同的时期，人们对广告的看法是不同的，广告的定义与范畴一直随着时代的发展而演变。

1. 广告的定义

1894年，被称为"现代广告之父"的广告人阿尔伯特·拉斯克尔提出，广告是"由因果关系驱使的，以印刷为形式的推销术"。这一观点明确了广告概念中最实质的两个部分，即广告的传播功能和营销功能。

当然，现在看来这一观点存在很大的不足。首先，广告媒介的形式已远远不止印刷这一种，电视、广播、互联网、环境媒体等都可以成为承载广告的媒介；其次，拉斯克尔当时是站在推销的立场上提出这一观点的，推销观念认为只要产品好，加上优秀的推销技巧，就能把产品卖给消费者，但这一观念忽视了消费者需求。

美国广告协会曾将广告定义为："广告是付费的大众传播，其最终目的是传递信息，改变人们对广告商品的态度，诱发其行动而使广告主获得利益。"这个定义不仅强调了广告是付费的大众传播方式及广告的最终目的，还涉及广告的作用方式，即通过改变人们对商品的态度而达到广告效果。

1948年，美国营销协会将广告定义为："广告是一种公众性的信息交流，它以付费的方式通过各种传播媒介向公众介绍产品、服务或观念，本身具有说服力。"这一定义清晰地界定了广告。首先，广告通过传播媒介进行信息传播；其次，广告的主题包括产品、服务与观念，也就是说它可以用于促进商业销售，或表达公益倡议，或树立机构、企业的形象等；最后，广告采用付费的方式，而且具有说服力。

20世纪30年代，我国比较系统的独立的广告学著作《广告》问世，其对广告的定义为："广告是为某一种商品或服务而做的有计划的广大的宣传，意在产生、维持并扩展商品的销路或服务的范围。"

在不同的历史时期，不同领域的学者和广告界人士提出了很多不同的广告定义。但是，广告本质上是一种营销传播活动。从功能上看，我们将广告定义为："广告是由特定的广告主在付费的基础上，采用非人际传播的形式，对特定对象进行的有关商品（服务和观点）的信息传播活动。"在这一层面，广告定义的内涵包括有特定的广告主、是一种付费的信息传播活动、非人际传播、有特定对象、有信息内容。

2. 广告的类型

按照不同的分类标准，广告可分为不同的类型。

（1）按照最终目的来划分

按照广告传播是否以营利为目的，广告可分为商业广告和非商业广告。

● **商业广告**。我们在生活中接触的大部分广告是商业广告，它们以营利为目的，由广告主出资设计、制作和播出，通过公共媒体对商品或服务内容等进行宣传，通过这种方式向消费者有计划地传达信息，促使消费者产生购买行为，使广告主获得利益。因此，商业广告又称为经济性广告。商业广告如图1-1所示。

● **非商业广告**。非商业广告是不以营利为目的，而是为了达到某种宣传或告知的目的，由广告主出资在大众媒体上进行传播的广告形式。非商业广告以公益广告、政府宣传广告等为主。其中，公益广告以传达社会福利、传统美德、医疗救助、呼吁环境和动物保护等信息为主，主要以加强公共服务和促进资源合理分配为目的，如图1-2所示；政府宣传广告则以传达公共法令、政令、交通安全、财政税务等信息为主，主要以加强公共管理和促进社会和谐为目的。

图1-1 商业广告

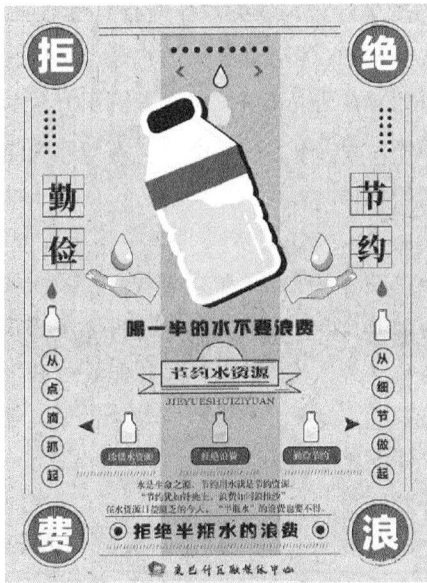

图1-2 公益广告

（2）按照地域范围来划分

广告主在发布广告时，通常会根据其特定的营销需要选择广告的发布区域，从而选择合适的广告媒体。根据广告主发布广告的地域范围，广告可分为地方性广告、区域性广告、全国性广告和国际性广告。

● **地方性广告**。广告主采用地方性媒体来传播广告信息，广告的传播范围有限，这类广告主多为地方性企业，其目的是促使消费者使用地方性产品。

● **区域性广告**。这类广告与地方性广告相比影响范围更大，其传播对象是某个特定区域的消费者。一些企业受经营区域和地理文化环境的影响，为了配合差异性市场营销策略而选择发布区域性广告。

● **全国性广告**。广告主为了引起国内消费者的普遍反响，选择全国性的传播媒体发布广告信息。这类广告宣传的产品一般具有销量大、通用性强、使用范围广等特点。

● **国际性广告**。这类广告又称全球广告，随着全球经济一体化进程的加快及互联网在全球范围的普及，国际性广告已成为国际市场竞争的重要手段。对逐渐融入全球经济的中国企业而言，它们需要在国外甚至全球范围内传播产品和组织信息来参与国际市场竞争，广告的国际化已经成为一种必然趋势。

（3）按照媒体形式来划分

按照承载广告的媒体形式，广告可分为印刷媒体广告、电波媒体广告、户外媒体广告、售点广告和互动广告。

● **印刷媒体广告**。这类广告是以排版印刷技术为手段，以文字和图形作为信息传播元素的视觉媒体广告形式，主要包括报纸、杂志、海报、招贴画、挂历等采用印刷方式制作的广告。印刷媒体广告具有保留时间长、承载信息容量大、能够反复阅读等特点。这类广告历史悠久，在信息技术迅猛发展的今天，仍然具有不可替代的重要作用。

● **电波媒体广告**。这类广告是指利用电波媒体传递广告信息的广告，主要包括电视、电影、广播及电子显示屏等媒体上的广告。

● **户外媒体广告**。这类广告是指利用户外的各种媒介（如路牌、霓虹灯、橱窗等）做的广告。户外媒体广告具有对地区和消费者的选择性强、发布时间长、表现形式丰富等特点，受到很多广告主的青睐。

● **售点广告**。这类广告是指在零售商店内的墙壁上、天花板上、橱窗里、通道中、货架上、柜台上张贴或摆放的各种广告物和产品模型的广告。售点广告容易引起消费者的注意，并便于店员介绍新产品、说明产品的使用方法、强调产品的特色，可促进销售点的生动化。作为经销商的销售点装饰物，售点广告还能成为引导经销商和消费者的手段。

● **互动广告**。这类广告又分为搜索引擎类互动广告、社交媒体类互动广告、游戏类互动广告和体验式互动广告，如表1-1所示。

表1-1 互动广告的类型

类型	说明	特点
搜索引擎类互动广告	消费者搜索关键词，即可查看与关键词相关的广告。消费者主动搜索关键词，搜索结果中出现广告，消费者与关键词广告之间构成一种互动	这类投放形式针对性强，消费者主动搜索的关键词所带来的广告与消费者需求相符，如在百度上搜索相关需求，就会出现相关产品推荐
社交媒体类互动广告	广告主通过微博、微信等社交平台发布有互动性的广告信息，如链接广告、邮件广告、漂浮广告、视频广告等	消费者主动浏览自己感兴趣的内容，这些内容可能带有广告信息，但大多带有娱乐性和互动性，可以促使消费者主动创作相关的新内容，并对该信息内容自发进行传播。例如，微博上经常有自媒体发布美妆视频，为美妆用品打广告；微博抽奖活动会吸引很多消费者踊跃参与

续表

类型	说明	特点
游戏类互动广告	广告主以网络游戏为载体,将广告内容传播出去。消费者主动玩游戏,广告潜藏在游戏设置中	消费者与游戏的互动性强,消费者的抵触情绪弱,而且目前我国网络游戏消费者基数大,广告效益好
体验式互动广告	广告主提供提升消费者体验的广告营销服务,消费者以消费商品和服务的方式体验商品的功能	消费者要主动参与才能对广告有所体验,并有所反馈,这是消费者与广告主的双向互动,能够激发消费者对产品的兴趣。与传统体验式互动广告相比,它侧重于营造一种体验环境

互动广告突破了时间和空间的限制,具有传播速度快、覆盖范围广的特点,而且它以消费者数据库为基础,投放更精准,能够根据特定的对象进行更加个性化、定制化的信息内容传播。更重要的是,互动广告构建了一种平等的传受双方主体关系,给消费者无限的参与空间,激发了消费者的广告参与热情,激发了他们创作广告、传播广告的欲望。

(4)按照诉求方式来划分

按照广告的不同诉求方式,广告可分为感性诉求广告和理性诉求广告。

● **感性诉求广告**。这类广告又称情感广告,指广告内容的选择主要从感性的角度出发,寻求产品特色与目标消费者情感之间的和谐或共鸣。感性诉求广告又分为愉悦感性广告和恐惧感性广告,如表1-2所示。

表1-2 感性诉求广告的类型

类型	说明	举例
愉悦感性广告	着重运用富有人情味的诉求,吸引消费者为获得满足感而购买广告中的商品	多数消费品广告均采用这种广告方式
恐惧感性广告	强调不幸的情景,促使消费者为预防或阻止这些情景出现而购买广告中的商品	药品、保险等广告多采用这种广告方式

● **理性诉求广告**。这类广告的内容主要从理性的角度出发,直接陈述产品的好处或者能够给消费者带来的物质利益,从而促使消费者在理性思维的引导下购买产品。理性诉求广告又分为产品提示性广告、比较性广告等。

1.1.2 广告的构成要素

广告的构成要素包括广告主、广告公司、广告媒介、广告费用、广告信息、广告受众和广告效果。

1. 广告主

广告必须要有明确的广告主。广告主是指付费购买媒体的版面或时间,以促进产品销售、树立企业形象或传达消费观念的组织或个人。广告主是广告活动的行为主体,是广告活动的发起者,是广告信息的提供者,同时也是广告费用的承担者。

在一则广告中，广告主的信息一定要鲜明、突出、简洁，以利于广告接受者识别、理解和记忆，从而提高广告产品的知名度、认知度和美誉度，使广告主获得充足的回报。同时，明确广告主可以更好地明确广告责任。

广告对消费者的承诺应该是真实的。确定广告主可以防止出现欺骗性广告，即使出现虚假和误导的广告信息，也能明确责任归属，从而合理地追究责任、纠正错误。例如，"安踏，永不止步""福特，进无止境""不是所有的牛奶都叫特仑苏"等广告，让消费者明确产品品牌，清楚产品或服务是由哪个企业生产或提供的，便于消费者选择和购买。

2. 广告公司

广告公司是指专门从事广告代理与广告经营业务的商业性服务组织机构。广告公司要站在广告主的立场，理解广告主的意图，按照广告主的要求制定广告方案，选择广告媒介，并开展广告活动。广告公司主要负责广告设计、制作、发布，以及产品分析、市场调查、销售方式分析、媒介调查等事务。

在开始策划、制作广告之前，广告公司要熟悉市场，进行大量的市场调研，了解详细的销售状况和存在的问题，以明确广告目标，提出有效的解决方案。在广告作品投放之后，广告公司还必须深入市场，指导广告主利用广告进行促销和品牌建设，同时从相关机构收集消费者对广告本身和产品销售的意见反馈，以了解广告效果，并对以后的广告运作和品牌建设提出意见等。

3. 广告媒介

媒介，又称媒体，指任何能够将信息传播给社会大众的工具。被称为"传播学之父"的美国传播学家威尔伯·施拉姆在《传播学概论》中写道："媒介就是插入传播过程之中的，用以扩大并延伸信息传送的工具。"媒介是广告传播的核心概念之一。

广告媒介，又称广告媒体，主要指广告主有意识地选择和利用的，目的在于向消费者传播广告信息的工具，如广播、电视、报纸、杂志、路牌、霓虹灯、网络、商品陈列、橱窗、包装等。只有借助这些广告媒介，广告信息才能扩散、传播并发挥作用。

广告媒介既指上述这些传递信息的载体，也指从事信息采集、加工和传播工作的社会组织，即各种传媒机构。为了让广告信息顺利地出现在广告媒介上，广告公司要与各种传媒机构保持密切的接触和交流。

广告公司不仅要深入了解各个媒介的特性和优缺点，有针对性地选择适宜的媒介发布广告，还要在分析各个媒介特性的基础上进行创造性的媒介组合，以多种媒介实施广告策略，最大限度地发挥媒介的作用，改善广告传播的效果。

4. 广告费用

广告费用是广告主支付给广告公司及广告媒介的费用，是广告最明显的特征。它使广告主、广告公司和广告媒介之间形成一种相互制约的经济关系。

广告活动的整个过程、每个环节都需要一定的费用，具体来说，包括市场调研费、广告设计费、广告制作费、广告媒介租金、广告机构的办公费用、人员的工资、促销与公关活动费用等。

很多广告主把广告作为完全的支出项目，实际上广告是具有投入产出特点的传播活动。广告活动花费的资金尽管不能立即获得回报，但其效益通过传播可以不断累积，转化为无形的品牌资产，提升企业营销活动的整体效果，间接地促进销售。产品的销量因为成功的广告而增加，单位产品的成本就会相应地下降。

5. 广告信息

广告信息是指广告主所要传达的主要内容，包括产品信息、服务信息及观念等。广告信息的范围比较宽泛，它可以是与广告主相关的各个方面的信息，可以用于宣传特定产品和服务，也可以用于塑造自身的良好形象，或者用于倡导对自己有利的某种理念。

广告信息是广告要素的主体。广告能否达到说服的目的，关键在于广告信息。对消费者来说，他们直接接触到的广告就是广告信息。广告信息是否有效取决于广告策划者制定的广告策略。广告策划者通过对市场的分析，进而确定广告目标，制定创意策略、媒体策略和促销策略，再通过恰当的媒介进行发布，以影响消费者的行为。

6. 广告受众

广告受众是指广告针对的目标消费者，即广告信息的接收者，也是广告进行劝服的主要对象。广告受众之所以成为广告的要素，是由于这是广告的必要环节，只有被消费者接受的广告才是有效广告。

广告是一种说服行为，所以不能撇开消费者来谈，否则就会缺少针对性，难以取得预期效果。因此，广告公司和广告主必须研究消费者的行为，把握消费者的消费形态，并在此基础上制定有针对性的广告策略。

在广告传播活动中，广告与特定的目标市场进行信息交流，广告受众并非指所有的消费者。广告主根据产品定位和营销重点来确定目标市场，只有目标市场中的消费者才是真正的广告受众。因此，广告主要想制定正确的广告策略，就要选择好广告传播活动的目标消费者。在制作广告之前，广告公司必须详细了解并确定广告受众的人口统计特征、价值观念、消费意识及媒体接触习惯等，明确广告方向，从而减少成本开支、提高广告效益。

7. 广告效果

广告效果是指广告信息通过广告媒介传播后产生的社会影响和效应。广告效果有狭义和广义之分。狭义的广告效果是指广告传播带来的经济效益；广义的广告效果是指广告活动目标的实现程度，是广告信息在传播过程中引起的直接或间接变化的总和，包括广告的经济效益、心理效益和社会效益。

虽然大多数广告的最终目的是促进产品的销售，但影响产品销售的因素有很多。作为一种营销传播手段，广告的目的首先是让消费者在一个尽可能长的时间段内对广告主及其产品或服务有所了解并形成良好的印象，进而间接影响消费者的购买决策。

1.1.3 广告媒介的发展

广告媒介是广告构成的必要元素，广告的发展离不开广告媒介的发展。早期的广告传播形式比较少，在印刷术和造纸术发明以前，广告传播所能依赖的媒介非常有限，主要有户外媒介和声音媒介。

户外媒介包括实物展示、招牌、旗帜、墙壁上书写或绘制的信息等。声音媒介是以人的声音或者器物发出的响声为载体传播某种信息的特定媒介，如叫卖声。纸张和印刷技术的普遍应用，催生了第一种现代意义上的媒介——报纸。从此，广告进入印刷广告的黄金时期。

纸质媒介风行了很长一段时间后，一项新技术的发明再次改变了全世界的传播形态，那就是广播技术，后来在此基础上诞生了电台媒介。声音的即时传播使全国性广告可以在很短的时间内传达给大批受众，传播的范围瞬间扩大。

电视机诞生之后，所有媒介得到了空前的发展，电视很快成为广告收入最多的广告媒介。随着有线电视和卫星接收器的出现，电视观众可以收看专门播放某一类节目的频道，如新闻频道、家庭购物频道、体育频道或电影频道等。这使电视由传播最广的大众媒介转变为一种更有针对性的"窄播"媒介，电视的传统特性被改变。广播电视媒介的传播速度快、覆盖范围广、效果显著，自此电子媒体逐渐取代了印刷媒体，成为新主流媒体，广告发展也进入广播电视广告主导时期。

随着科技的不断进步，又一种新的媒介出现了。互联网的普及为广告发展提供了崭新的平台，为广告主的广告展示提供了新的途径。个人计算机、互联网、电子邮件和电子公告牌都为广告主提供了将广告传播给潜在受众的新媒介。随着全球信息高速公路的发展以及随之而来的互联网革命的开展，在配置了个人计算机、网络连接装置和有线电视之后，广告便进入双向媒介时代。

报纸、电台、电视、计算机都是广告赖以生存的重要媒介。近几年，媒介的种类和数量逐渐增多，媒介之间的界限逐渐模糊。由此可见，作为专有名词，"媒介"是一个开放的词汇，它的内涵受时代、技术、环境变化的影响很深。掌握了媒介的这一特点，有助于我们辩证地去看待以往总结出来的有关媒介使用方面的一些经验和做法，同时可对新事物保持足够的关注和敏感。

1.1.4 广告的运作流程

广告运作是指在现代广告中，广告发起、规划、执行的全过程，它是一种综合的、动态的操作过程，由各种必要的环节构成，各个环节都包含丰富的内容。广告运作的环节包含广告调查、广告策划、广告创意、广告设计、广告媒介策划、广告效果反馈与评估等。广告运作是广告主、广告公司、广告媒介三者密切合作，明确分工，按照一定的顺序共同参与的过程。

1. 广告调查

广告调查是广告运作的初始环节，由广告主委托调查公司或广告公司进行调查，调查的内容包括市场营销环境、竞争对手的经营状况、产品调查与分析、消费者分析、竞争对手广告分析等，如表1-3所示。

表1-3 广告调查的内容

广告调查的内容	具体内容
市场营销环境	宏观政治、经济、法律、文化环境对企业营销的影响；产业发展态势对企业环境的影响；企业营销中的微观因素等

广告调查的内容	具体内容
竞争对手的经营状况	确定竞争对手；了解市场上各竞争对手的竞争状况；分析与竞争对手相比的优势和劣势等
产品调查与分析	产品特性、产品形象、产品生命周期，以及与同类产品的比较；分析产品在市场上面临的机会与问题，以及与同类产品相比的优势和劣势
消费者分析	现有消费者群体的特征；现有消费者的消费行为；现有消费者对本产品和同类产品的态度；潜在消费者的群体特征；潜在消费者成为实际消费者的可能性等
竞争对手广告分析	竞争对手的广告时间、广告范围、诉求对象、媒介策略、广告效果等

2. 广告策划

广告策划是广告决策的形成过程，是对具体的广告业务提出的基本原则和策略，其任务是确定广告目标、广告受众、广告计划、广告策略等问题。广告策划要服从整体营销目标，只有站在整体经营的高度，从整体广告活动出发，对广告进行全面、系统的规划和部署，才能有效地达到广告的预期目的。

广告策划的核心要素主要包括以下8个方面。

（1）广告策划要以广告主的营销策略为根本依据，直接为广告主的市场营销服务。

（2）广告策划不能漫无目的、缺乏章法地凭空设想，而要有科学规范的程序。

（3）广告策划应该提出广告活动的总体战略。

（4）广告策划要以市场调查为依据和开端。除了广告主的营销策略外，还要以对消费者、产品和竞争对手等的调查情况为依据开展，这样才能保证广告活动的整体性和全面性。

（5）广告策划的核心内容包括诉求策略、定位策略、表现策略和媒介策略，它们必须脱离平庸，与众不同，但又要具备产生实际广告效果的特质。

（6）广告策划的结果要以文本的方式呈现。

（7）广告策划要预先设定广告效果的测定方法。

（8）进行广告策划的目的是追求广告进程的合理化和广告效果的最大化。

3. 广告创意

广告创意是广告运作中比较重要的环节。广告的设计表现，广告诉求主题的确定，广告媒体的选择、甄别与确定都要以广告创意为核心来进行。广告创意就是对如何表现广告主题进行构思，广告公司通过构思可以创造出新的意念。英国广告大师大卫·奥格威说："要吸引消费者的注意力，同时让他们来买你的产品，非要有好的点子不可。"这个"点子"其实就是创意。

一个出色的广告创意必须新颖独特、立足真实、有情感、简洁、含蓄。独特性和创造性是广告创意与设计能够吸引消费者的利器。广告只有不断推陈出新，才能在消费者心中留下深刻的印象。而真实性则是广告创意的生命，广告创意无论如何新颖，都是建立在真实的产品事实基础之上的。同时，广告创意还要从情感上感染消费者，让他们能够产生情感共鸣，从而接受广告所宣传的内容。

4. 广告设计与制作

有了广告创意之后，便进入广告的设计与制作阶段。广告的设计制作一般包括以下5个环节，如图1-3所示。

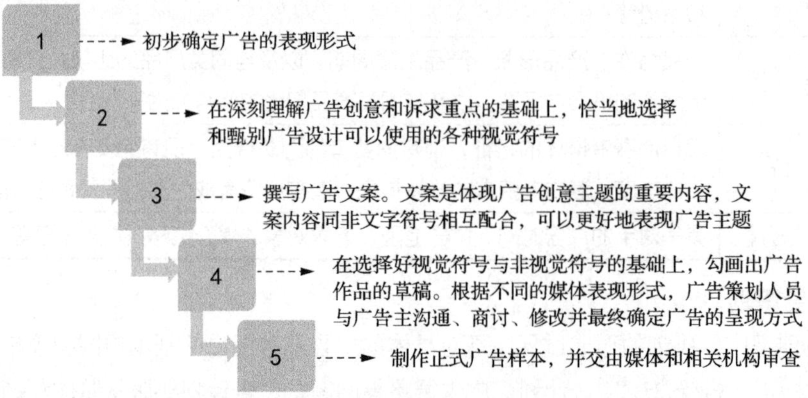
1
初步确定广告的表现形式
2
在深刻理解广告创意和诉求重点的基础上，恰当地选择和甄别广告设计可以使用的各种视觉符号
3
撰写广告文案。文案是体现广告创意主题的重要内容，文案内容同非文字符号相互配合，可以更好地表现广告主题
4
在选择好视觉符号与非视觉符号的基础上，勾画出广告作品的草稿。根据不同的媒体表现形式，广告策划人员与广告主沟通、商讨、修改并最终确定广告的呈现方式
5
制作正式广告样本，并交由媒体和相关机构审查

图1-3　广告设计与制作的环节

5. 广告媒介策划

广告媒介策划不仅是选择媒体这么简单，还需要综合考量各种媒体特征，有针对性地进行多种媒体的组合发布，以便更有效地打动目标对象，增强广告传播的效果。一般广告媒介策划流程包括确定媒介目标、拟定媒介策略和执行媒介计划。在执行媒介计划时一定要注意媒体组合策略。做好了媒体组合，可以尽可能地提高广告的触达率和重复率，提升消费者认知，给消费者留下深刻印象，增加广告效益。

6. 广告效果反馈与评估

广告效果是指广告对其接收者所产生的影响，以及由人际传播所达到的综合效应。例如，新产品广告能够促使消费者了解品牌优势，从而改变已有品牌消费习惯；企业形象广告可以宣传企业独特的形象，在消费者心目中建立对企业的良好印象，使消费者对企业及其各种产品产生亲近感和认同感，最终促进产品销售。

广告成功与否，要由广告效果来检验。衡量广告效果的指标有很多，比较科学的是看广告是否达到了预定的目标，而不是仅以销量增长与否来衡量。广告效果调查可以由广告公司自己进行，也可以由广告主委托专门的广告调查公司来进行。

广告在特定的媒介上如期播出之后，广告商还要对广告的播出质量进行监控，并持续关注和监测媒介计划的执行质量。通常的做法是，广告商在媒介排期内安排专人抽取不同的时间点和空间点，对媒介排期的执行情况进行抽样调查。如果发现问题，广告商需要及时和媒介所有者取得联系，并进行更进一步的交流。通过这种机制，广告商可保障广告策略中的媒介计划最终能够保质保量地如期执行，对于整体媒介策略的效果也可以进一步评估。

1.1.5　广告的基本原理

广告行业是一个实践性和操作性极强的行业，从业人员应当时刻注意广告活动的实际过程，从实践中总结出具有实践意义的广告理论，再进一步对广告活动进行有效的指导。只有学习和了解了广告的基本原理，掌握了广告活动的规律，从业人员才能更好地从事广告相关活动。

广告的基本原理大致有以下几种。

1. USP理论

独特销售主张（Unique Selling Proposition，USP）理论是在20世纪50年代由罗瑟·瑞夫斯提出的，这是广告发展史上最早的一个具有广泛深远影响的广告创意理论。USP理论有3个原则，如图1-4所示。

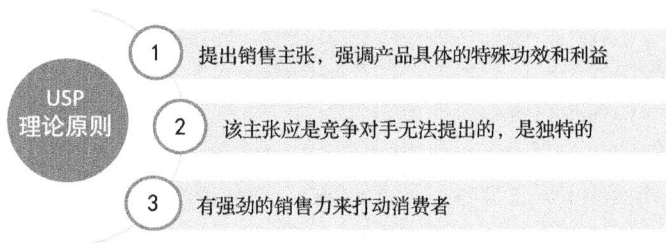

USP 理论原则
1. 提出销售主张，强调产品具体的特殊功效和利益
2. 该主张应是竞争对手无法提出的，是独特的
3. 有强劲的销售力来打动消费者

图1-4 USP理论的3个原则

USP理论的核心是独特性，即产品要有独特的销售主张。也就是说，产品要有足够突出的卖点，可以给消费者利益承诺。很多案例表明，成功的广告之所以让推出的产品热销，重要的原因之一就在于这些广告善于为产品寻找卖点，找到了说服消费者的理由。

当今市场环境中，产品同质化现象非常严重，大量产品和广告信息充斥在消费者的周围。要想使广告赢得消费者的关注，进而使产品脱颖而出，被消费者认可，就必须要有可以打动消费者的卖点。

2. 品牌形象理论

品牌形象理论是大卫·奥格威在20世纪60年代中期提出的创意观念，它是广告创意策略理论中的一个重要流派。在该理论的影响下，大量优秀广告被创作出来，许多品牌被塑造出来。

大卫·奥格威认为，品牌形象并非产品固有的，而是消费者联系产品的质量、价格、历史等因素而形成的对产品的一种独特认识。每一则广告都应是对整个品牌的长期投资，所以每一个品牌、每一个产品都应发展和投射一个创意的个性形象，并经由各种不同的推广技术（尤其是广告）传达给潜在消费者。

品牌形象理论的基本观点包括以下4点。

（1）广告的最主要目标是塑造品牌形象，力图使品牌具有并维持一个高知名度的形象。

（2）任何一则广告都是对品牌的长期投资，所以广告要尽力维护好品牌形象，甚至不惜牺牲短期效益。

（3）由于产品同质化现象严重，消费者选择产品或品牌时的理性越来越少，所以描述品牌形象要比强调产品的具体功能特性重要得多。

（4）消费者在购买产品时追求的是实质利益和心理利益，对某些消费者来说，广告尤其要重视运用形象来满足他们的心理需求。

3. 定位理论

定位理论是由营销专家艾尔·里斯和杰克·特劳特在20世纪70年代早期提出的。他们认为，定位是从产品开始的，定位并不是要对产品做什么事情，而是给产品在未来潜在消费者的脑海里确定一个合理的位置，也就是说，把产品定位在未来潜在消费者的心目中。定位改变的只是产品的名称、价格和包装，实际上产品本身并没有改变。所有的改变只是给产品做修饰，目的是使产品在未来潜在消费者心中塑造有利的地位。

杰克·特劳特的另一句话说得更简单、直接："所谓定位，就是令你的企业和产品与众不同，形成核心竞争力；对受众而言，即鲜明地建立品牌。"

由于满足消费者需求的产品分为有形产品和无形产品（有形产品是指可以接触的有实用价值的实体，无形产品可以是一种观念或服务等产品的附加值）两大类，所以产品定位策略可以分为实体定位和观念定位两大类。

（1）实体定位

实体定位是从产品的市场、品名、品质、价格、功效等方面进行定位，突出该产品在广告宣传中的新价值，强调本品牌与同类产品的不同之处，以及可以给消费者带来的更大利益。这是一种差异化的定位策略，可以确定本产品独特的市场位置。

实体定位可以分为市场定位、品名定位、品质定位、价格定位和功效定位，如表1-4所示。

表1-4　实体定位的分类

分类	说明	举例
市场定位	把市场细分的策略运用于广告活动，将产品定位在最有利的市场位置上，并将其作为广告宣传的主题和创意。只有向市场细分后的产品所针对的特定目标对象进行广告宣传，才能获得良好的广告效果	DOVE香皂，定位为女士香皂
品名定位	产品的名称不仅是品牌和产品的识别符号，还被赋予了其他意义，代表着企业形象和品牌文化，所以产品的名称要与市场状况和文化环境相适应	Coca-Cola——可口可乐，产品名称朗朗上口，易于传播记忆；中文名意为"可口的令人欢乐的饮料"，使人同时联想到美味和快乐
品质定位	强调产品具有良好的品质，增强消费者对产品的信心	格力空调的广告语：好空调，格力造
价格定位	把自己产品的价格定位于一个适当的范围内或位置上，以使自己产品的价格与同类产品的价格相比更有竞争优势，从而占据更多的市场份额	价格高昂的宝马代表着时尚、财富和高品质生活
功效定位	在广告中突出产品的独特功效，使自己的产品与同类产品具有明显的区别，以增强竞争力	立白洗洁精以"不伤手"的功效特点为重点诉求，赢得了很多消费者的青睐

（2）观念定位

观念定位是在广告中突出宣传品牌产品新的意义和新的价值取向，诱导消费者的心理定式，重塑消费者的习惯心理，使其树立新的价值观念，引导市场消费的变化或发展趋势。

观念定位又可分为逆向定位和是非定位两种，如表1-5所示。

表1-5　观念定位的分类

分类	说明	举例
逆向定位	通过低于有较高知名度和声誉度的竞争对手来引起消费者对自己的关注、同情和支持，以达到在市场竞争中占据一席之地的定位效果	蒙牛乳业最开始提出了"向伊利学习""争创内蒙古乳业第二品牌"
是非定位	打破既定思维模式下的观念体系，创立一种超乎传统理解的新观念	七喜汽水以不含咖啡因为定位基点，以"非可乐"自居，显示与可口可乐等众多饮料的不同之处

4. 整合营销传播理论

1992年，唐·舒尔茨与其合作者出版了《整合营销传播》，提出了整合营销传播理论。该理论的核心思想是将与企业进行市场营销有关的一切传播活动整合化。美国广告公司协会对整合营销传播这样下定义："整合营销传播是一个营销传播计划概念，要求充分认识用来制订综合计划时所使用的各种带来附加值的传播手段，如普通广告、直接反映广告、销售促进和公共关系——并将之结合，提供具有良好清晰度、连贯性的信息，使传播影响力最大化。"

整合营销传播是指营销传播的一元化策略，即用一个声音说话。整合营销传播将广告、促销、公关、直销、形象、包装、新闻媒体等一切传播活动都涵盖到营销活动的范围内，商家可以将统一的传播信息传达给消费者。

5. 5W理论

1948年，哈罗德·拉斯韦尔在《传播在社会中的结构与功能》一文中首次提出了构成传播过程的5个基本要素，即传播者（Who）、传播内容（Says What）、传播渠道（In Which Channel）、传播对象（To Whom）和传播效果（With What Effect），并将这5个要素按照一定的结构顺序进行排列，由此形成了5W模式。

如果把5W模式应用到广告传播中，它们就是广告的5要素——广告主、广告信息、广告媒介、广告受众和广告效果，如图1-5所示。

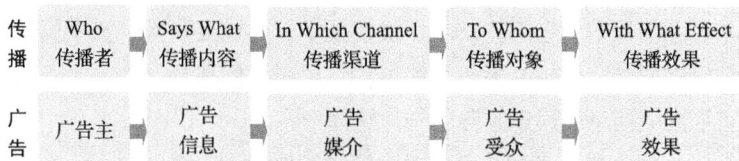

图1-5　传播与广告的对应要素

不过，拉斯韦尔的5W模式是线性模式，即信息的流动是直线的、单向的，这种模式没有注意到反馈的要素，从而忽视了传播的双向性甚至多向性。

6. AIDMA法则

美国广告学家E.S.刘易斯经过长期研究与实践后，提出了AIDMA法则，如图1-6所示。

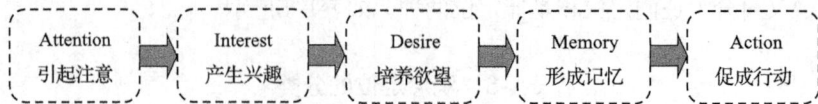

图1-6 AIDMA法则

AIDMA法则是指从消费者看到广告到产生购买行为这段时间内，广告动态式地引导其心理过程，并将其顺序模式化的一种法则。后来，E.S.刘易斯又将AIDMA法则进一步发展为AIDAS原理，将原来第四步的"形成记忆"换成最后阶段的S（Satisfaction），即"达到满意"，意思是说要同时重视消费者在购买行为完成后对产品的使用反馈。

当然，在AIDAS原理中最重要的阶段是"引起注意"，因为只有在引起注意的情况下，消费者才能有进一步的行动。这就要求广告的创作和宣传要吸引和维持消费者的注意，可以采用增大刺激物的强度、增大刺激物之间的对比、提高刺激物的感染力、突出刺激目标等方法来实现。

1.2 网络与新媒体概述

网络是由节点和连线构成的，表示诸多对象及其相互之间的联系。我们通常所说的网络是对计算机网络的简称。在计算机领域，网络是信息传输、接收、共享的虚拟平台，它把各个点、面、体的信息联系到一起，从而实现资源共享。

"新媒体"一词是1967年戈尔德马克在他发表的一份关于开发电子录像商品的计划书中提出来的。在此计划书中，他把电子录像称为"新媒体"。

1.2.1 网络与新媒体的界定

麦克卢汉在《媒介即讯息》中提到："媒介是那些延伸人类器官的所有工具、技术和活动；新的媒介会产生新的行为标准和方式；媒介之间是互相关联的，一种媒介注定是另一种媒介的内容。"新媒体是一个与传统媒体相对的概念，电台出现之前，报纸是新媒体；电视出现之前，电台是新媒体；网络出现之前，电视是新媒体；搜索引擎出现之前，网站是新媒体；博客出现之前，搜索引擎是新媒体；微博出现之前，博客是新媒体。发展至今，新媒体主要是指利用数字电视技术、网络技术、多媒体技术、通信技术，通过互联网、宽带局域网、无线通信网和卫星等渠道，以电视、计算机、手机为终端，向用户提供视频、音频、语音数据服务、连线游戏、远程教育等集成信息和娱乐服务的一种媒体形态。

目前，业界分别从狭义和广义两个角度对网络与新媒体做出了定义。

从狭义上讲，网络与新媒体是指继报纸、广播、电视等传统媒体之后，于最近几年发展起来的一种新的媒体形态，主要包括网络媒体、手机媒体、数字电视等，是相对于传统媒体而言的。

从广义上讲，网络与新媒体指的是在各种数字技术和网络技术的支持下，通过计算机、手机、数字电视等各种网络终端，向用户提供信息和服务的传播形态，其特点是一种媒体形态的数字化。

与传统媒体相比，网络与新媒体更偏重于为受众提供个性化的服务。无论从哪个角度来定义网络与新媒体，其概念总是会围绕以下3个方面来进行界定。

首先，从时间的角度来说，网络与新媒体起源于信息技术高速发展的时代，非常具有时代特色，发展历史较短。网络与新媒体的概念一直随着信息技术、数字技术的发展不断地自我更新与演化，所以网络与新媒体所涵盖的范围也在朝着多样化领域发展。新媒体在时间上是一个相对的概念，只有与传统媒体相对比，才能凸显新媒体的"新"。

其次，网络与新媒体的界定离不开数字技术，而与数字技术相对的则是模拟技术。换句话来说，网络与新媒体传播信息的方式与传统媒体的信息压缩、传递、解压的方式有所不同。

最后，网络与新媒体密不可分，新媒体的传播者与受众在互联网中实现信息共享并可进行互动交流，即网络与新媒体具有互动性特征。

新媒体与传统媒体相比，既有明显的差异性，又存在某种模糊性。

1. 差异性

网络与新媒体具有交互性、即时性、开放性、快捷性、分众化、个性化、多媒体等特点，所以与传统媒体相比，新媒体具有良好的整合性、展示性及容纳性，可以为受众提供一个全新的、功能齐全的媒介综合平台，既融合了以往的媒介形式，又展现出信息覆盖面广、规模大、信息资源丰富等优势。

2. 模糊性

网络与新媒体引领了新的传播革命，其虽然是上一轮传播革命的终点，但也是下一轮传播革命的新起点。人类借助网络技术对传播历史上的全部媒介进行了整合和展示，而这也可以看作是对未来传播媒介和形态的一次试验。

1.2.2 网络与新媒体的特点

网络与新媒体储存了海量信息，内容形式多样，并且可以通过网络高速传播，使用户可以快速检索出结果，具有很强的互动性，是一种功能强大的传播媒体，给人类社会带来了深刻的影响。网络与新媒体的传播允许信息发布者与接收者之间进行网络交流，能够及时反馈，改变了传统的信息交流方式。

网络与新媒体的特点如下。

1. 传播与更新速度快

网络与新媒体传播是一种数字化传播，它将一定的信息转化成数字，经过传播之后，数字在操作平台上还原为一定的信息，这种传播具备快捷、方便和高保真等优点。新媒体可以通过互联网高速传播并实时更新，可以像电台、电视台一样进行实时、实况报道，显然优于传统的传播方式。

新媒体传播速度快，时效性强，不受印刷、运输、发行等因素的限制，信息上网的瞬间便可以同步发给所有的用户。新媒体更新速度快，更新成本低，其更新周期可以按分、秒计算，而电视、广播的更新周期则要以小时计算，纸质报纸的出版周期则以天甚至以周计算，纸质期刊与图书的更新周期则更长。网络与新媒体传播可以做到同步传播和异步传播的统一。网络与新媒体的即时传播提高了新闻的时效性，其本身"接收的异步性"又便于用户随时随地按需求接收信息。

2．信息传播互动性强

网络与新媒体传播是一种开放的互动式传播。传统媒体的传播方式通常是单向的，传受双方无法随时随地双向沟通。而网络与新媒体传播既可以单向传播，也可以双向传播，甚至多向传播，可以实现用户与网站之间、用户与用户之间的实时沟通和共同互动。每个用户既是信息的接受者，也是信息制造的参与者与传播者。这样就增强了信息的互动传播，提升了信息的传播效果。

3．信息量大、内容丰富

互联网能够使用户共享全球信息资源，可以说任何一种传统媒体的信息量都无法与拥有海量信息的网络媒体相提并论。网络与新媒体的优势是传播方式多样化，内容丰富、多元化。新媒体传播是一种多媒体的传播方式，实现了不同形式的整合传播，借助文字、图片、音频、视频中的任何一种或几种形式的组合来进行传播。这种具有立体效应的多媒体传播组合可以更加真实地反映信息内容，给用户带来逼真而生动的体验。网络与新媒体几乎可以不限时、不限量地贮存和传播海量信息，并且用户可以随时检索历史信息，这在一定程度上拓展了传播内容的深度和广度。

4．超文本、超媒体

超文本是一种非线性的信息组织方式，它模拟人类思维方式，在数据中包含其他数据的链接。用户只要单击文本中加标注的一些关键单词或图像，就可以进入另一个文本界面。

超媒体进一步扩展了超文本所链接的信息类型，用户不仅可以在不同文本间跳转，还可以播放音频、图片或视频。网络以超文本、超媒体方式组织信息内容，用户在接收信息内容时可以方便地联想和跳转，更加符合人们的阅读和思维规律。

人类的思维活动不是线性的，而是呈现出多维性和发散性，这与传统媒体的表达方式正好相反，因此传统媒体的表达方式并不符合人们的思维方式。为此，人们要求新媒体采用多维表达方式，突破以往的局限性，增加联想功能，从而更接近人们对知识、概念、思想的表达习惯。

网络与新媒体传播改变了信息组合方式，超链接将全世界的多媒体信息组织到一起，用户只要进入某一个网页，就可以通过点击链接文本轻松访问相关的网页。这种方式改变了人们传统的阅读方式，极大地方便了用户。

5．个性化

对于网络与新媒体而言，人们对信息不仅有选择权，还有控制权，即可以改变信息传播的内容和形式。例如，借助搜索引擎，人们可以选择自己感兴趣的信息；通过网络，人们可以选择自己喜欢的文章、音乐、图片或视频；通过新闻资讯网站，人们可以订阅新闻，每天都能收到自己感兴趣的个性化新闻；人们可以通过微博或微信公众号关注不同的人而得到不同的信息；在同一个域名的网站中，人们面对的界面和内容可以是不同的，如新闻、财经、娱乐、游戏等。人们可以根据自己的个性化需求，在不同的渠道接收各种感兴趣的定制化信息。

6. 分众化

人们可以根据自己的职业、爱好、兴趣，通过手机、计算机进入不同的平台与不同的人群讨论共同感兴趣的话题。例如移动电视、网络电视、楼宇电视、车载电视等，它们对传播对象的选择有很强的针对性，能够抓住特定群体的消费需求，这样有利于获得较好的传播效果。网络与新媒体能够同时满足大众的个性化需求，把信息的传播者和接收者融合成对等的交流者，而无数的交流者相互之间又可以同时进行个性化的交流。

7. 低成本、全球传播

网络与新媒体传播能够突破地域和国界，传播成本低廉。无论从传播者的角度，还是从用户的角度来看，信息在网络上跨国传播与本地传播的成本与速度几乎是相同的。纸质媒体和广播电视虽然在理论上也能进行全球传播，但其传播的成本与传播的距离成正比。网络与新媒体传播完全打破了物理上的空间概念，网络信息的传播实现了无阻碍化。

网络上的信息传播是跨文化的传播，互联网使不同国家之间的跨文化传播达到前所未有的便捷。网络与新媒体传播的全球性使用户可以低成本、便捷地在世界范围内选择其喜爱的网站，主动浏览并获取所需的信息。

1.2.3 网络与新媒体广告的特点

网络与新媒体广告的概念可以从两个层面来理解：其一，以传统互联网、移动互联网、其他非网络化的新型媒介为主要载体的新兴广告形式；其二，新兴传播或营销理念所催生的新的广告传播理念与业务形态。

网络与新媒体广告可以从广义和狭义两个角度来讲。广义的网络与新媒体广告是指企业在互联网或其他新型媒介上发布的一切信息，包括公益信息、企业的商品信息，以及企业自身的域名、网站、网页等；狭义的网络与新媒体广告是指可确认的广告主通过付费形式在互联网或其他新型媒介上发布的异步传播的具有声音、文字、图像、影像或动画等多媒体元素、可供网络用户收听或观看，并能进行交互式操作的商业信息传播形式。

网络与新媒体广告作为一种全新的广告，以其自身的特性赢得了企业的重视，其具体特点如下。

1. 交互性

交互性是网络与新媒体广告区别于传统媒体广告的一个最明显的特点，同时也是网络与新媒体广告和传统媒体广告相比所具有的强大优势。

互联网使广告媒体从过去的单向传播、用户被动接受信息逐渐发展为双向、主动的互动模式。用户可以主动搜索信息，企业也可以随时获得用户的反馈，与目标群体直接进行互动式的交流。网络与新媒体广告在用户与企业之间提供了一条互动、随时交流的渠道：对企业而言，为提高用户对其商品的认知，培养用户的忠诚度，实施客户关系管理增加了有力的手段；对用户来说，为其提供了获得所需信息及购买商品的便捷性的渠道。

2. 实时性

网络与新媒体广告的实时性，一方面是指信息发布的实时性，另一方面是指信息反馈和更新的实时性。网络与新媒体广告的运作从材料的提交到发布，所需时间可以是数小时甚至更短。从最初编辑到最终展示，中间经历的过程较为短暂。如果广告出现问题，广告公司只需在互联网上根据广告主的需求即时变更广告内容即可，可以轻松实现经营决策变化与广告变化之间的无延迟对接；而传统媒体广告在变更广告内容时一般都需要付出较大的经济代价。

3. 广泛性

网络与新媒体广告的传播范围广泛，其覆盖范围和传播区域是传统媒体广告无法相比的。互联网把遍及世界各地的计算机用户按照统一的通信协议连接成一个全球性的信息传输网络。通过互联网传播广告信息，无论是广告主还是广告受众，都不受地域限制，只要具备上网条件，都可以阅读广告。而传统媒体广告（如电视广告、报刊广告等）都会受到信号转接或发行区域的限制，只能在某个范围内进行传播。

4. 精准性

网络与新媒体广告的突出特点是精准性。企业通过第三方服务器可以非常精确地获得网站的访客人数、广告的曝光量和点击量、用户上网的时间分布和地域分布、用户的个人爱好和上网习惯等信息，从而具备了精确定向的条件。

借助互联网技术和大数据，广告主可以进行用户画像，使目标用户定位更精准，从而做到有的放矢。广告主借助权威公正的访客流量统计系统精确统计出来的数据，能够准确地评价广告效果，并进一步辅助审定广告投放策略，还能利用互联网的互动和实时特点，根据需要随时变更广告的形式和内容。

互联网的这些技术优势从基础面确立了网络与新媒体广告的经济价值，既节省了广告主的费用投入，又增强了广告的实际效果，降低了投入产出比。

5. 多样性

网络与新媒体广告是有多种多样的形式，内容十分丰富，其表现形式包括动态影像、文字、声音、图像、表格、动画、三维空间、虚拟现实等。广告公司利用这些表现形式可以根据广告创意需要任意组合创作，最大限度地调动各种艺术表现手段，充分调动用户的知觉，放大用户对广告的想象空间，制作出能够激发用户购买欲望的广告。

6. 便捷性

网络与新媒体广告的便捷性表现在可重复性和可检索性两方面。在网络与新媒体广告中，广告公司可以将文字、声音、画面完美地结合之后供用户主动检索，反复观看。而电视是让广告用户被动地接受广告内容，如果用户错过广告时间，就有可能错过广告信息。另外，与网络与新媒体广告的检索相比，平面广告的检索更费时费力。

7. 经济性

网络与新媒体广告普遍成本低廉，与传统媒体广告相比，其制作周期短，即使在较短的周期内进行投放，也可以根据广告主的需求很快地完成制作。广告主可以通过网络与新媒体对广告信息进行有效传播，以最小的广告成本获得最大的广告收入。而且网络与新媒体广告覆盖人群广泛，使其性价比更高。

1.2.4 新媒体时代广告传播的特点

随着科技的发展，网络与新媒体的形式不断创新，其正在以各种方式不同程度地渗透到人们生活的方方面面，实现了更加精准化、智能化的信息推送。信息传播方式的深刻变革使广告传播也发生了巨大的变化，推动了广告内容和营销的变革。多样化、层次化的营销传播手段正在不断涌现，即使人们不断探究新媒体时代广告传播的新特点。

1. 扩散传播与舆论效应

在移动互联网时代，新的信息交互方式带来了很多新的场景，使人们的消费理念得到了发展，从追求功能价值发展到追求情感价值和观念价值。在喧嚣的媒介环境中，移动互联网正冲击着一切。

网络与新媒体的显著特点就是互动与分享。相比传统媒体广告的一次传播，网络与新媒体广告可以形成二次传播、三次传播甚至病毒式传播，即通过扩散快速传播。当今，自媒体的盛行使衡量一个广告影响力的标准逐渐演变为"能不能被受众分享"。

在新媒体时代，广告主可以借助新型的传播手段提升广告的影响力，强化广告的传播效果。当广告主在社交媒体上投放广告后，受众会筛选并接受广告内容，广告传播会自主地延续下去，转化为舆论的形态继续扩大影响力。因此，我们不能把广告简单地看作信息传播，而应将其看作通过新媒介传播后的一种舆论声音。广告可以实现信息的即时互动，并将信息传播到更广的范围内继续发挥作用。

2. 传播形态多元化

随着科学技术的发展，广告的传播媒介不断发生变化，从报纸、电台、电视到互联网，网络与新媒体广告依靠多元化的媒介形态进行信息传播，例如，通过微博、微信、网络视频进行产品的推广与营销。

在新媒体时代，传播形式的互动性、媒介形态的多样性、广告内容的丰富性是广告传播的显著特点。媒介形态多元化、传播渠道多样化使广告的传播更加迅速，广告的覆盖面更大。同时，广告主对于广告传播方式有了更多的选择，增强了广告市场的竞争。例如，微博、微信、抖音、快手、美拍等社交平台的推广模式和广告定位明确，互动性强，口碑好，影响力大，成本也相对较低，有利于真正实现品牌的有效传播。

3. 媒介融合，创新传播

面对互联网的冲击，媒介融合的表现形式日益丰富，这不仅包括不同媒介组织的跨媒介融合，如电视与网络的融合、报纸与网络的融合，还有传媒业务与功能的融合，即传统媒体利用新媒体进行信息传播与产品延伸，在功能与业务层面上，不同媒体之间相互借用，以实现更好的发展。

新媒体时代也是一个交互营销时代，是讲究情感和价值观的广告营销时代，而营销的核心逻辑依然是理解受众并真正创造出被其认可的价值。互联网的普及和新媒体的兴起极大地改变了人们获取和接受信息的方式，同时也扩展了信息的量级，受众不再只是手持报纸、杂志或端坐在电视机前就被广告影响而做出购买决定了。

在新媒体时代下，受众不再是媒体背后单纯的数字指标，其个体价值重新受到重视。在新的媒介环境中，受众的行为模式不再是单纯的由吸引注意力促成购买行为，而是根据自己的兴趣主动使用媒体。因此，单纯的信息传递只会造成信息流广告的同质化与单一化，内容与形式的创新是广告有效传播的途径。

4．与内容营销共生，与公关界限模糊

在新媒体环境下，广告传播平台和内容生产者互相依赖，广播式传播和社会化传播同时存在，新的广告生态链条和业态已经形成，媒体、广告、公关的界限不再像以前那样泾渭分明。借助于社交媒体的强大功能和影响力，广告主通过广告与潜在用户沟通交流，并引导和说服他们采取行动。现在的广告传播已经参与对话，并与人们建立联系，而不再一味地单向推销。广告和基于互联网的内容营销共生，广告和公关的界限逐步模糊，新媒体所带来的口碑传播越发让广告公关化、让公关广告化。

人们的消费习惯变化极大，每个人同时生活在现实空间和意识空间中，意识空间对人们的消费决策产生着越来越大的影响力。只要掌握了人们的意识空间，在很有大程度上就可以掌握人们的消费方向，而新媒体就是企业打通人们现实空间和意识空间的利器。广告传播的目的归根结底是要和利益相关者沟通，沟通需要互动，而新媒体广告传播具有互动优势。广告、企业公关部门有互动的需求，发布平台有支持互动的条件，互动把营销最重要的手段——公关和广告融合到了一起。

1.3 网络与新媒体广告的表现形态

随着互联网的发展，各种网络热门应用应运而生，从门户网站到搜索引擎，从博客到微博，从微信公众号到短视频、直播，哪里有流量，哪里就有广告。广告的表现形态也随着这些应用的登场不断变化，从横幅广告到搜索引擎广告，从富媒体广告到流媒体广告，从贴片广告到病毒式广告，网络与新媒体广告的表现形态如同百花斗艳。

1.3.1 发布类广告

在网络与新媒体广告中，只有发布类广告沿袭了传统广告的特点，即在受众所关注的特定空间与时间进行产品或品牌信息的发布，以引起受众的注意，使其对产品或品牌信息产生记忆及好感。因为发布类广告的呈现技术是数字化的，所以归属于网络与新媒体广告。发布类广告的主要呈现方式是品牌图形广告、视频贴片广告和文字链广告。

1．品牌图形广告

品牌图形广告是指以图片的形式出现在互联网网页及应用程序页面上的广告形态。这类广告的呈现位置特别重要，通过对主要视觉位置的占领以凸显自身，具有干扰性和强制性的特点。

根据呈现效果与图片尺寸的不同，常见的品牌图形广告分为以下几种。

（1）横幅广告

横幅广告也称旗帜广告、Banner广告，是目前网络广告中使用非常广泛的广告形态之一，如图1-7所示。它一般展现在PC端门户网站上，如新浪网、搜狐网等。横幅广告的优点是容易吸引人们的注意，缺点是目前PC端横幅广告的收费较高，一般按照点击量计费。

横幅广告是最早被受众接受的网络广告形式之一，其尺寸多种多样，一般出现在网页的醒目位置，对受众有较强的吸引能力。按照呈现方式的不同，横幅广告又分为静态横幅广告、动态横幅广告和交互式横幅广告，如表1-6所示。

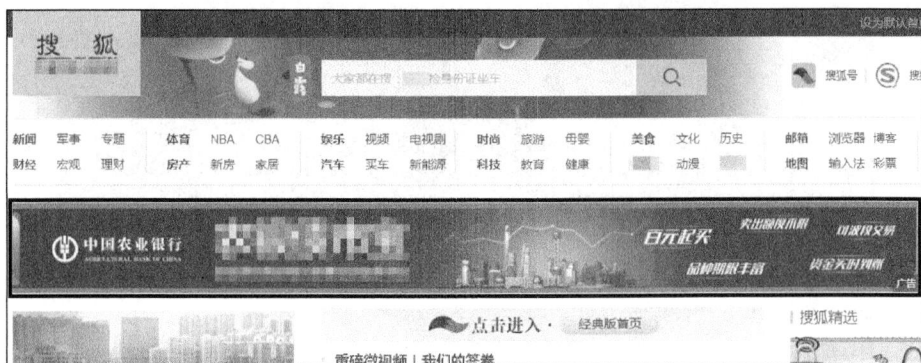

图1-7 横幅广告

表1-6 横幅广告的类型

类型	说明
静态横幅广告	表现形式单一，仅在网页上显示一幅固定的图片，是最早使用且如今仍常用的一种广告方式
动态横幅广告	较静态横幅广告而言，动态横幅广告是一种更活跃的广告形式，它或移动或闪烁，通过多个画面组合展示更多的信息，对受众有更大的吸引力，广告效果也较好
交互式横幅广告	形式多样，如游戏式、插播式、答题式等，能够满足更多受众的需求，可以通过与受众互动获得更多的反馈

（2）按钮广告

按钮广告也称图标广告，与横幅广告类似，只是尺寸较小，展示的位置比较灵活，广告价格也比较便宜。按钮广告展示的空间有限，呈现的信息不能太多，主要起到提示性的作用，比较适合展示成熟品牌的Logo或简单的图案与文案，如图1-8所示。

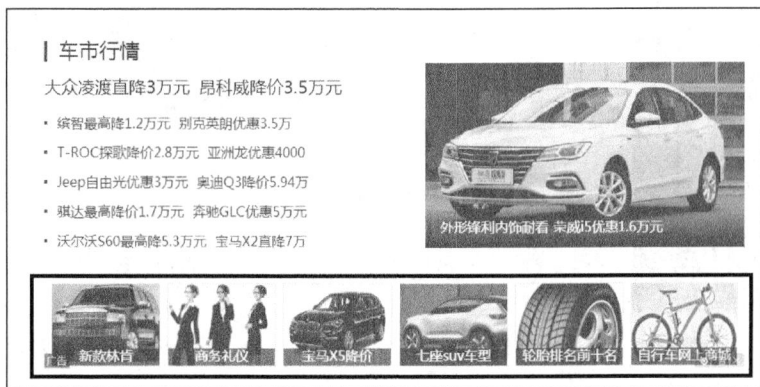

图1-8 按钮广告

（3）通栏广告

通栏广告一般是以横贯整个页面的方式出现，能够展现更丰富的信息，一般采用图文结合的方式呈现，能够对受众产生较强烈的视觉冲击力，如图1-9所示。与横幅广告相比，通栏广告的面积更大。

图1-9　通栏广告

（4）侧边栏广告

侧边栏广告位于页面的侧边，以竖形的形态展现。虽然其宽度有限，但在长度上体现出很大的优势，如图1-10所示。这种广告能够在视觉上给受众带来新意，能够吸引受众更多的目光，在面积上也有较大的发挥空间，可以实现信息的完整展现。

（5）对联广告

对联广告一般出现在网页左右两侧，以竖形的方式呈现，在效果展现上与其他类型的广告相似，但它一般不出现在浏览页的页面内，这使广告页面得以延伸。对联广告还会随着页面浏览而滚动，能够最大限度地集中焦点。

对联广告有两种呈现方式。一种是左右互补型，即广告的左右信息不同，但主旨统一，遥相呼应，如图1-11所示；另一种是左右重复型，即广告的左右两侧完全相同，强调一种对称的视觉感受。

图1-10　侧边栏广告

图1-11　对联广告

（6）插播广告

新媒体环境下的插播广告是指，当受众打开当前网页时强制插入一个广告页面或弹出广告窗口，以半屏或全屏的大图方式短暂出现数秒，然后自动关闭的广告形式，如图1-12所示。不同于其他广告对页面长时间的占有，插播广告出现的时间短，但占据的范围大，画面呈现感更强。因为此类广告具有较强的可控性和曝光的强制性，所以常被应用到移动互联网的应用程序中。

图1-12 插播广告

（7）弹窗广告

弹窗广告是指在打开网页后自动弹出的广告形式，无论受众点击还是不点击都会出现，通常在右下角生成一个新的广告页面覆盖在原来的页面上，经常妨碍受众连贯的浏览行为。虽然弹窗广告带有关闭按钮，但由于关闭按钮过小或者有虚假按钮的存在，很容易使受众误点进入广告页面，所以备受反感。可以这样说，弹窗广告是网络与新媒体广告中被诟病较多的广告形式之一。

弹窗广告从根本上讲就是强制性地曝光广告信息，虽然对于受众来说不太受欢迎，但由于它有足够的空间展现广告创意，所以受到一些广告主的追捧。

2. 视频贴片广告

视频贴片广告指的是在视频类平台（如爱奇艺、优酷视频、腾讯视频、搜狐视频等）上插播的视频广告，主要包括前贴片广告、后贴片广告、暂停页广告、角标广告、剧中贴片广告等。图1-13所示为爱奇艺的前贴片广告。

图1-13 爱奇艺的前贴片广告

视频播放前出现的广告有的允许跳过，有的只有VIP才可以跳过。视频贴片广告的曝光量直接受观看视频人数的影响，而且容易让受众观看视频的体验度下降。这类广告所选择投放的媒体资源大都比较优质，投入成本比较高，一般大型品牌企业投放得较多。

3. 文字链广告

文字链广告是以文字为链接的广告，吸引受众点击后，即可进入相应的广告页面，如图1-14所示。

图1-14　文字链广告

普通文字链广告的字数不多，覆盖面积不大，设置比较灵活，所以价格也相对较低。不过，这类广告与以图像为主的品牌图形广告相比表现力较弱，吸引受众的效果一般，但由于它对受众的干扰少，所以更能迎合受众的心理。

1.3.2　推荐类广告

推荐类广告是指通过新媒体具有相互链接性的特点而开展的有目的、有重点的品牌信息服务，将相关信息送达有需求的用户的广告形式。推荐类广告的主要展现形式是关键词广告、竞价排名广告和信息流广告。

1. 关键词广告

关键词广告是指当用户利用某一关键词进行检索时，在检索结果页面会出现与该关键词相关的广告内容。目前国内影响力较大的关键词广告有百度关键词广告、搜狗关键词广告等。不同的搜索引擎会提供差异化的服务，主要体现在具体的广告投放模式、广告管理方式和每次点击的价格等方面。

关键词广告由广告标题、简介和网址3部分组成，所以制作门槛不高，比较适用于中小企业及个人。这类广告展现的位置一般在搜索栏下方或者页面右侧，与网页自然搜索结果分开。

关键词广告一般采用点击付费形式，只有当用户点击广告后才付费。由于关键词广告只在用户检索特定关键词时才出现在搜索结果页面的显著位置，所以其针对性非常强，是性价比较高的广告形式。这种广告形式一般由用户主动搜索浏览信息，所以用户的参与程度较高。

关键词广告的形式比较简单，制作成本较低，而且投放形式简单，便于管理。同时，关键词广告也具有传统广告的特点，即内容的价值性、内容的原生性和用户的主动性。另外，广告主可以通过服务平台实时查看广告的点击次数和广告费用等信息，有助于对广告效果进行统计分析，以及时调整广告策略，并根据实际情况灵活控制广告的投放。

2. 竞价排名广告

竞价排名广告是一种由广告主自主投放、自主管理，通过调整价格来进行排名，按照广告效果付费的新型网络广告形式。这种形式的广告是广告主注册属于自己的"产品关键词"，这些"产品关键词"可以是产品或服务的具体名称，也可以是与产品或服务相关的关键词，当潜在用户通过搜索引擎寻找相应产品的信息时，广告主的网站或网页信息就会出现在搜索引擎的搜索结果页面中。由于搜索结果的排名或在页面中出现的位置是根据广告主出价的多少进行排列的，故称为竞价排名广告，如图1-15所示。

图1-15 竞价排名广告

竞价排名广告的基础是关键词广告，需要广告主注册购买关键词，然后才在用户搜索时出现在相应的页面中。但如果多位潜在广告主购买了同一个关键词，便会通过竞价的方式进行排名，也就是说拍卖销售广告的展示机会或展示位置。一般情况下，关键词广告出现在右侧，竞价排名广告出现在左侧，在自然排名的上面。按照人们的浏览习惯，通常会先看排名靠前的网站，然后才浏览右侧的广告，所以竞价排名广告比关键词广告被用户看到的机会更多。

3. 信息流广告

信息流广告是指一种依据社交群体属性对用户喜好和特点进行智能推广的广告形式。它是网络与新媒体广告中广告主选择较多的广告形式，穿插于用户浏览的内容信息流中，对用户的浏览体验影响相对较小。信息流广告的形式有图片、图文、视频等，特点是算法推荐、原生体验。广告主可以通过标签进行定向投放，根据自己的需求选择推曝光、落地页或应用下载等，其最后的效果取决于创意、定向和竞价3个关键因素。

信息流广告为广告主提供了人群定向（按照年龄、性别、学历对目标群体进行选择）、意图定向（通过设置兴趣关键词进行选择）、兴趣定向（将用户的兴趣加以划分，如时装、美容、阅读等）、场景定向（按照操作系统/网络环境、地域、时间段等加以分类）等投放方式，最后按照每次点击付费（Cost Per Click，CPC）、千次展示付费（Cost Per Mille，CPM）、按时长付费（Cost Per Time，CPT）等多种方式对广告计费。信息流广告可细分为搜索引擎旗下信息流广告、门户网站旗下信息流广告、社交网站信息流广告（微博信息流广告见图1-16）、视频网站信息流广告（抖音短视频信息流广告见图1-17）、手机浏览器信息流广告、新闻类App信息流广告、特殊工具类App信息流广告等。

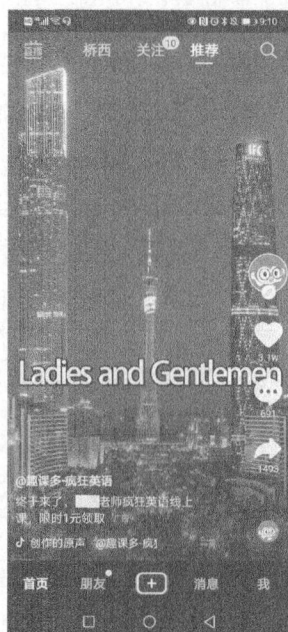

图1-16　微博信息流广告　　　　　图1-17　抖音短视频信息流广告

　　信息流广告所面向的用户较多，定位比较精准，而且对大多数广告位的广告投放数据都有记录，广告主能够从数据中分析广告的投放效果，并根据分析结果进行广告优化。用户对信息流广告的接受度比较高，并且这类广告的投放成本相对来说不是很高，一般的个体商户也都能投放。

1.3.3　整合类广告

　　整合类广告是指广告主或企业通过自建网站的方式来宣传品牌的自身形象及其所提供的产品或服务，最主要的表现形式是企业的品牌网站。它不同于第三方平台（如淘宝），是独立的、权威的，代表着企业的形象。

　　品牌网站对外可以树立企业形象，对内是企业文化建设的重要工具，具有信息发布、产品发布和管理等功能，包括企业概况、联系方式、产品目录、企业行业动态、销售网络、人事招聘等信息，不同的网站会体现各自企业及产品的特点。图1-18所示为海尔集团的品牌网站。

图1-18　海尔集团的品牌网站

企业可以通过后台功能对网站的信息及时进行更新，对信息进行删除与修改等，方便对网站的运营管理，从而不断完善网站内容，帮助用户快速获得他们想要了解的信息。品牌网站的建立是以品牌形象传播为目的，力求在保证用户良好体验的基础上做到形式与内容的统一。

归纳起来，品牌网站具备以下特征，如图1-19所示。

图1-19 品牌网站的特征

品牌网站的作用主要表现在以下7个方面。

（1）树立企业品牌，展示企业实力，提升企业的品牌形象。

（2）让更多的用户了解企业及产品。

（3）缩短新产品的推出时间，通过网站推广开辟新的市场周期，最大限度地满足用户需求。

（4）实现电子商务。访客通过网站可以了解产品信息，通过在线提交订单可以完成产品订购；企业可以通过网站管理订单，收集用户的反馈信息。

（5）吸引公众注意。企业可以在网站上发布新产品信息，任何人都可以浏览网页并了解新产品，成为企业的潜在用户。

（6）实现24小时在线宣传，更生动、直观、广泛地宣传企业的产品或服务。

（7）很多大中型企业通过自己的网站实现规范化、科学化管理，提高工作效率，如内部公告、订单管理、客户管理、采购管理等都可以在品牌网站上轻松完成。

1.3.4 暗示类广告

暗示类广告指充分利用受众对新媒体的关注和使用，在不妨碍人们接收相关信息的前提下，巧妙地植入产品或品牌信息，对受众进行无意识的熏陶与影响，达到在新媒体上进行品牌传播的目的。

暗示类广告的曝光不会影响受众对新媒体的正常使用，它在一定程度上降低了受众对广告产生抵触心理的可能性，在潜移默化中使受众接收广告信息，从而提升广告效果。

暗示类广告的主要呈现方式有以下几种。

1. 植入式广告

植入式广告是把产品或服务的具有代表性的视听品牌符号融入影视或舞台作品中的一种广告形式。广告中的视听品牌符号构成了受众真实看到或通过联想感知到的情节的一部分，在受众关注的状态下将产品或品牌信息传递给受众，让受众对产品或品牌留下印象，从而达到广告营销的目的。

一般来说，植入式广告要遵循"软""暖""久"的准则。"软"是指软植入，避免生硬、直接，要与作品的内核紧密贴合；"暖"是指品牌价值，在贴合作品理念的同时，将自身的品牌理念展现出来；"久"是指长远规划，品牌曝光虽然重要，但也要顾及受众的感受，同时遵循品牌既定的营销模式。

植入式广告的植入形式有很多，如表1-7所示。

表1-7　植入式广告的植入形式

植入形式	说明
道具植入	产品作为影视作品中的道具出现，这种植入方式略显生硬，有时会让受众明显感到是广告
台词植入	通过主人公的台词把产品的定位、特性、特征直白地告诉受众，容易得到受众对品牌的认同
剧情植入	设计剧情桥段和专场戏，通过镜头和台词的结合展现产品或品牌
场景植入	在画面所表现的容纳人物活动的场景中，布置可以展示产品或品牌信息的实物，如户外广告牌、招贴画，以及在影视剧中频繁出现的固定场景等
音效植入	通过旋律和歌词以及画外音、电视广告等的暗示，引导受众联想到特定的品牌
题材植入	为某一品牌专门拍摄影视剧，着重介绍品牌的发展历史、文化理念等，以提升品牌的知名度
文化植入	这是植入营销的最高境界，它植入的不是产品和品牌，而是一种文化，通过文化的渗透，宣扬在其文化背景下的产品

植入式广告适用的媒体主要有影视剧、广播、电视节目、游戏、小说等。例如，电影《速度与激情8》中植入了QQ-AR平台，主要以两种方式植入：一种是内容植入，另一种是海报植入。其最大的亮点是全部采用增强现实（Augmented Reality，AR）技术。

电视剧《都挺好》植入了小米手机、农夫山泉、沃隆坚果等广告。该电视剧中除了角色全部配备小米手机外，还出现了小米电视、米兔抱枕和小米之家等。农夫山泉在剧中包揽了所有的饮用水角色，从出现频次最高的桶装水到高端纪念瓶，均以摆放为主、饮用为辅，"刷"足了存在感，如图1-20所示。沃隆坚果是剧中不多的先闻其声、后见其物的品牌，在快速切换的镜头中，该品牌多次在剧中以台词的形式出现，重复提示了产品的健康属性，给观众留下了深刻的印象，如图1-21所示。

图1-20　农夫山泉植入广告

图1-21　沃隆坚果植入广告

这种植入式广告一改传统的硬电视广告形式，与剧情融为一体，淡化了观众的反感情绪，潜移默化地影响着观众。

2. 微电影广告

微电影广告是为宣传某个特定的产品或品牌而专门拍摄的有情节的，时长一般不超过30分钟的，以电影为表现手法的广告，具有商业性或目的性。微电影广告采用了电影的拍摄手法和技巧，增强了广告信息的故事性，能够更深入地实现品牌形象和品牌理念的渗透与推广，能够更好地实现"润物细无声"的效果。微电影广告虽然仍然是电影，但与其他电影不同的是，产品成为整个电影的第一角色或线索，而且微电影远比其他电影短小精悍。

微电影广告的电影式拍摄理念和技巧提升了广告的欣赏性，可以说微电影广告是艺术和商业的巧妙融合。它用一种感官享受的方式，从观众的心理出发，使其无意识、无抵触地接受广告信息。图1-22至图1-26所示为三棵树励志微电影广告《致敬每一个勇敢开始的你》的画面。

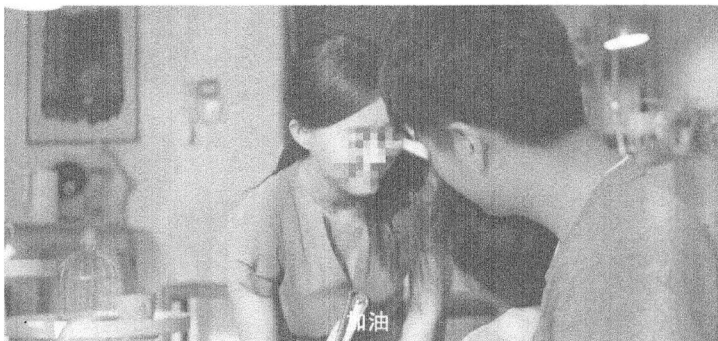

图1-22 微电影广告（a）

图1-23 微电影广告（b）

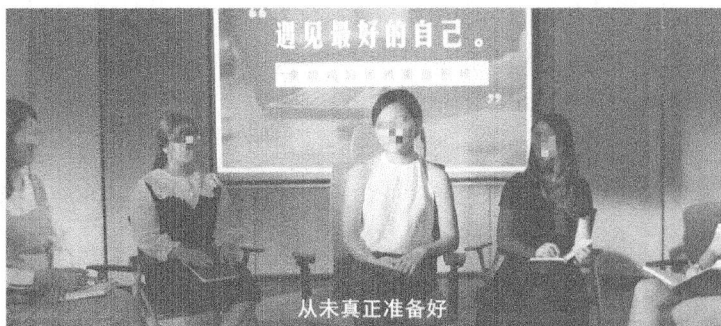

图1-24 微电影广告（c）

图1-25　微电影广告（d）

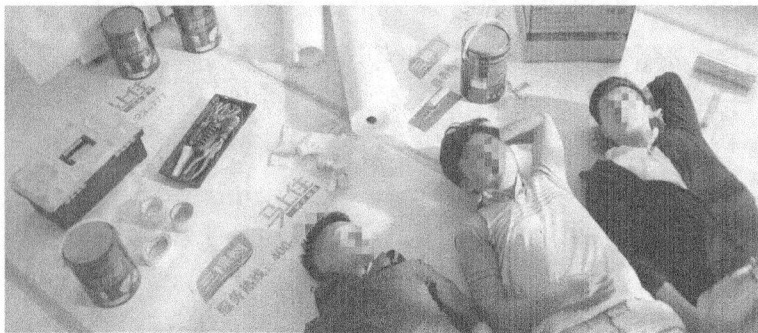

图1-26　微电影广告（e）

该微电影通过毕业生、全职妈妈及中年人坚定信念、勇敢开始的故事，告诉观众"开始"的力量。三棵树作为涂料品牌，选择走进观众的生活，深刻洞察人们在面对未来、重新开始时总是会有对未知和不确定性的恐惧这一现象，通过生活故事短片呼吁大家"坚定内心的信念，勇敢去迈出开始的脚步"，陪伴和鼓励大家勇敢追求和创造美好生活，从而建立与观众之间的情感链接。

微电影广告的故事能够打动观众的心，引起其观看兴趣，不再像部分传统广告那样令人反感，而且资金投入相对较少，收益较大。微电影广告以网络作为传播媒介，传播速度快，影响范围广。微电影广告能够直观地表现独特的品牌特色与文化底蕴，能更好地传播企业理念，树立品牌形象，从而获得更多的关注与好感。

尽管传播环境在不断变化，但微电影广告对品牌发展来说依然是值得重视的广告形式。借助巧妙的创意，微电影广告的故事内容更易于对观众倾诉情感，能够更好地传达品牌的核心价值。特别是广为人知的品牌，更需要利用微电影广告这样的内容来维护和运营品牌，让观众与品牌产生情感联系、情感共鸣，从而获取品牌溢价。

随着传播渠道越来越分散，能让观众留下观看微电影甚至愿意为产品买单的广告创意成本越来越高，所以微电影广告的发展也需要与时俱进，比如缩短时长。如今盛行的网络短视频的前身其实就是微电影广告。

随着新媒体技术的发展和成熟，未来将涌现出更多新的广告形式，推动广告业的进一步发展。

【课后习题】

1．简述广告的构成要素。

2．简述网络与新媒体广告的特点。

3．简述网络与新媒体广告的表现形态。

4．试分析图1-27和图1-28所示的广告分别属于网络与新媒体广告的哪种形式。

图1-27　网络与新媒体广告（a）

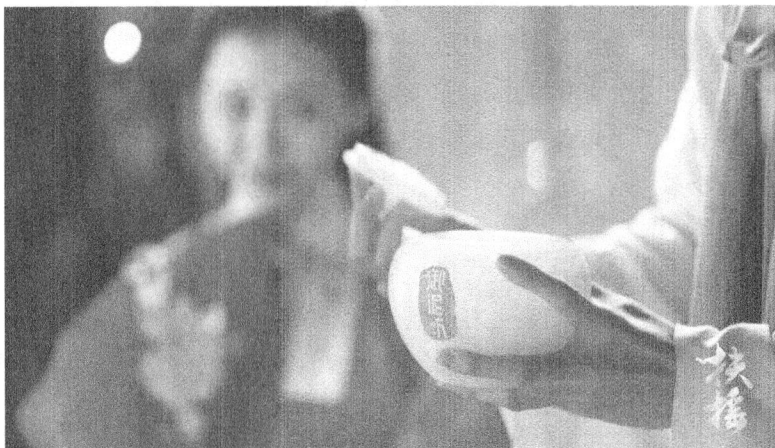

图1-28　网络与新媒体广告（b）

第2章

网络与新媒体广告的类型

学习目标

◆ 了解PC端门户网站广告和移动端门户网站。

◆ 了解展示类广告、网络联盟广告和其他搜索引擎广告。

◆ 了解微博平台自营广告和企业自助广告。

◆ 了解微信平台自营广告和微信公众号运营广告。

◆ 了解短视频平台自营广告和企业自助短视频广告。

◆ 了解视频网站广告、App广告、H5广告、直播广告和音频广告。

因为网络与新媒体具有承载信息量大、表现形式丰富、多渠道接受、便捷互动等特点,所以备受广告主与其他营销组织的关注,以网络与新媒体为载体的广告自然成为其重要的营销方式。本章详细介绍了网络与新媒体广告的各种类型。

2.1 门户网站广告

门户网站是互联网上重要的媒体形态，虽然时至今日其重要性已不复当年，但门户网站仍然以多样化的网络服务满足着大量用户的信息需求。门户网站作为网络与新媒体广告的信息载体，可以为网络用户提供新闻、搜索、社交、购物等各种互联网应用服务，并以此为核心竞争力来吸引用户的注意，从而获得广告价值。门户网站广告随着门户网站的发展也在不断丰富。

门户网站是网民获取互联网信息和服务的入口，用户可以在门户网站上快速获取各类互联网信息资源，享受多样化的互联网信息服务。门户网站有很多种，按照不同的标准可以分为不同的类型，如表2-1所示。

表2-1 门户网站的类型

分类依据	细分类型
提供内容的宽度	综合门户网站和垂直门户网站
主要传播范围	全国性门户网站和地方性门户网站
创办者角度	政府门户网站、企业门户网站、学校综合性门户网站、个人门户网站等

随着网络环境及上网方式的改变，门户网站的内涵与外延一直在变化，其信息内容及应用功能也不断更新迭代，融合发展。门户网站作为综合信息与服务的提供平台，虽然大都拥有稳定的受众，但并不是所有的门户网站都参与广告经营活动，只有商业性的门户网站才以广告作为其盈利渠道和收入来源，所以后面提到的门户网站均指参与广告经营活动的商业性门户网站。下面以门户网站广告呈现的终端类别为划分依据，分别介绍PC端和移动端的门户网站广告。

2.1.1 PC端门户网站广告

在广告形式上，传统的PC端门户网站广告主要是品牌展示类广告，包括图片类、文字链接类、视频类和富媒体类等多种形态。此外，各门户网站也会结合自身的网站业务和资源特色，分别运营一些其他类别的广告。例如，搜狐在开发搜索引擎"搜狗"后，开始运营搜索引擎广告；网易结合自身的电子邮箱、网络游戏两大优势服务，进入邮箱营销、游戏植入式营销等领域；而腾讯、新浪则借助其在社交平台上的优势（如腾讯的微信、新浪的微博等）开发相应的广告。下面主要介绍各门户网站最为依赖的展示类广告。

1. 网幅广告

网幅广告又称条幅广告，点击即可打开链接，是网络与新媒体广告的最早形式。该类广告的规格分为横幅和竖式两种。横幅广告一般出现在网站首页，如通栏广告、按钮广告等；竖式广告一般出现在网站页面的两侧，如矩形广告、对联广告、摩天楼广告等。广告规格和广告位不同，广告的价格也不一样，优质的广告位价格较高。

2. 轮播广告

在实际的广告运作中，为了在经济效益和用户体验方面保持平衡，网站广告位的数量会保持在一个相对合理的区间内。一些优质广告位由于数量稀缺成为各企业竞相争夺的对象，为了解决这个问题，轮播广告应运而生。轮播广告能使多个广告主共享一个广告位，进行广告的轮流播放展示，这既增加了网站的广告收益，也最大程度地满足了广告主对优质广告位的需求，而且未给用户带来额外的广告干扰。因此，轮播广告备受业界青睐，目前被普遍应用于网幅广告中。

3. 焦点图广告

焦点图是门户网站用图片组合播放的信息表现形式，一般置于网站首页或频道首页等非常明显的位置。焦点图广告占用焦点图的某一帧，当切换到该帧时，广告会自动展示或播放，内容展示一定的时间或者播放完毕后，才会轮换为下一帧内容。焦点图广告利于创造较好的曝光度和较高的点击率，只要用户停留在该页面，广告就会不断重复播放。由于焦点图广告效果突出，所以广告价格也较高。

4. 插播广告

插播广告就是用户打开页面时，以全屏或半屏方式出现数秒后自动关闭的广告形式。插播广告既可以是静态页面，也可以是动态效果，出现后逐渐压缩成普通横幅广告的尺寸或消失，回归到正常页面；用户也可以选择关闭广告。

5. 弹窗广告

弹窗广告有文本形式，也有视频播放形式，从屏幕左/右下角浮出，并固定在左/右下角位置。一般弹窗广告都带有关闭按钮，用户可以通过关闭窗口停止观看，但它的出现没有任何征兆，被用户看到的概率较大。

除以上广告形式外，PC端门户网站广告类型还包括文字链广告。文字链广告就是以一排文字作为一个广告，点击文字可以进入相应的广告页面。文字链广告对用户干扰较小，位置灵活，价格也相对低廉，其广告效果比较依赖于文案的吸引力。

2.1.2　移动端门户网站广告

随着移动互联网的迅猛发展，近年来门户网站的移动客户端开发出不少广告形式。移动端门户网站广告可分为展示类广告、信息流广告和落地页广告，下面主要介绍展示类广告和落地页广告。

1. 展示类广告

展示类广告的形式与PC端门户网站的广告形式大同小异，有App下拉刷新广告（见图2-1）、App焦点图广告、开机报头广告（见图2-2）等。这些广告的售卖方式以每千人成本和按天收费（Cost Per Day，CPD）为主。

2. 落地页广告

落地页也称着陆页，是用户点击各类形式的广告后打开的第一个页面。作为广告主与用户深度交流的重要窗口，它也常被视为用户转化的关键节点。因此，落地页广告的创意和设计对于最终的广告效果来说至关重要。图2-3中的左图为网易新闻App中的信息流广告，用户点击以后，就会进入右图所示的落地页广告页面。

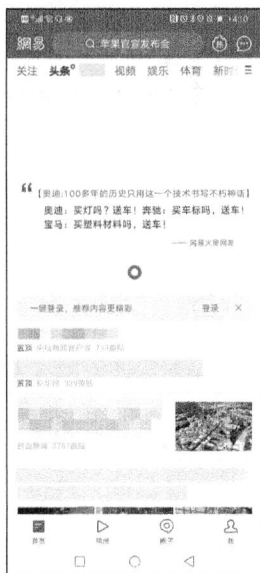

图2-1 App下拉刷新广告　　图2-2 开机报头广告

图2-3 落地页广告

为了让广告主更加方便地制作落地页，很多移动平台都推出了自助制作系统，如搜狐的"搜狐快站"、新浪的"页未央"等。

2.2 搜索引擎广告

搜索引擎是根据用户需求与一定的算法，运用特定策略从互联网检索出指定的信息，并反馈给用户的一门检索技术。搜索引擎广告主要分为关键词广告、展示类广告、网络联盟广告和其他搜索引擎广告4种类型，下面主要介绍后3种类型。

2.2.1　展示类广告

展示类广告是搜索引擎企业为迎合大广告主的品牌推广需求，在传统关键词广告的基础上开发出的涵盖图片、文字、链接等多种形式，可以展现广告主品牌信息的广告类型。

以百度为例，为了开发大广告主资源，百度一方面成立了大客户服务部，专门为大广告主、知名广告代理公司提供针对性服务；另一方面，也根据这些大客户的需求，提供专门的定制广告形式，并按包月或包年等固定收费模式计费。

1. 品牌专区

当用户搜索品牌全称或简称时，品牌专区会在搜索结果页面的最上方展现图文并茂的品牌官网，包括广告主的品牌描述、品牌Logo、官网链接等内容，并在右侧广告位同时展现广告主的品牌广告，从而让用户无须经过网页跳转即可直接了解品牌官网信息，并获得其所需的品牌相关资讯，如图2-4所示。

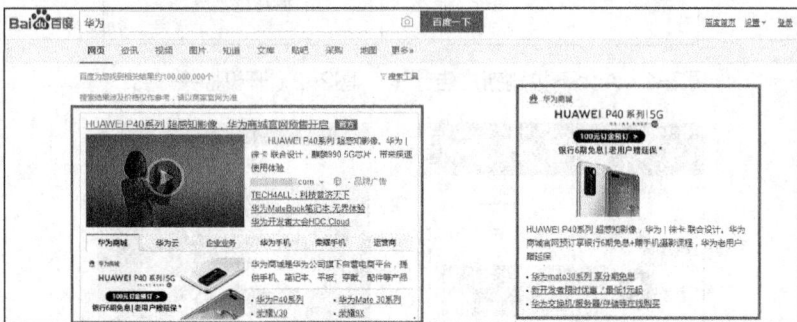

图2-4　品牌专区

2. 品牌起跑线

品牌起跑线是针对中小企业主，可以同时在搜索、知道、新闻页面通过品牌/产品词触发的品牌综合体现区。广告主可以通过"自定义问题+品牌/产品词"完成广告定制，并获得多频道下经过问题触发的更为精准、强势的品牌曝光，如图2-5所示。

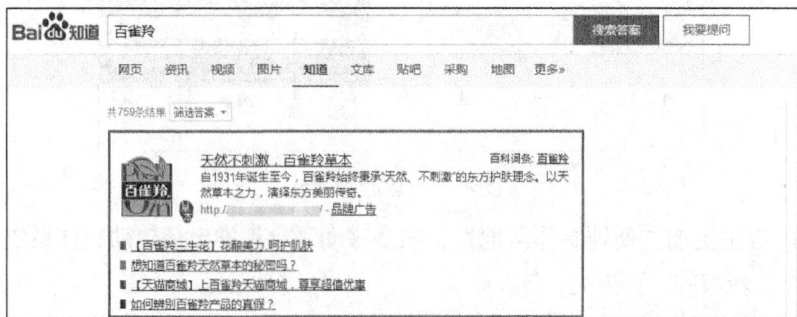

图2-5　品牌起跑线

3. 图片推广

图片推广是指当用户搜索关键词后，在图片搜索结果页首页的固定区域展现广告主图片的一种广告形式。相较于其他展示类广告，图片推广可以增强用户对相关产品或服务的形象化感知，如图2-6所示。

图2-6　图片推广

2.2.2　网络联盟广告

网络联盟是由搜索引擎企业集合其他中小网络媒体资源形成联盟，通过搜索引擎自身的广告系统帮助广告主在这些网站上进行广告投放，获得广告收入后各方参与者再按比例进行分成的广告运营方式。其具体操作方式如下。

（1）会员网站在其网页上开辟特定的广告位置，根据搜索引擎企业提供的代码生成一个广告位。

（2）广告主会根据自己的业务特征制作广告（包含文字、图片、动画等多种形式），并在广告系统中设定具体的投放方式，如关键词、目标地域、目标网站等。

（3）搜索引擎企业运用关键词匹配技术和辨明用户所在地、记录浏览习惯等用户行为的分析方法，将广告投放到特定的网站上。

（4）在用户点击广告后，搜索引擎企业对广告主收取广告费用，并按照一定比例与会员网站分成。

不同于仅投放在搜索引擎平台的关键词广告和展示类广告，网络联盟广告可以帮助广告主发现那些浏览搜索引擎之外的其他网络媒体且对品牌或服务感兴趣的潜在消费群体。在此过程中，搜索引擎企业会依托自身的分析技术和所积累的用户数据，帮助广告主在合适的时间、准确的地点将广告定向展现给目标人群。

以百度联盟为例，百度联盟把关非常严格，对网站的Alexa排名（网站的世界排名）有着严格的要求。百度自身对网站页面收录的数量也有很大的限制，而且网站在加入百度联盟之前，还要到站点上加入百度联盟指定的搜索代码，以便得到一组完整的数据，包括站点日均展现量和日均检索量等，因此能够加入百度联盟的网站一般是人气较高的网站。

在做推广时，百度联盟提供的定向方式有很多，具体如表2-2所示。

表2-2　百度联盟提供的定向方式

定向方式	说明
地域定向	设置广告投放的地区
兴趣定向	按照年龄、性别、兴趣点等指标选取目标群体特征
网站定向	按照行业对会员网站加以划分，广告主既可从相应分类中选择想要投放广告的行业网站，也可以根据需要在广告管理系统中直接输入网站

定向方式	说明
关键词定向	这是基于用户的搜索行为和浏览行为对用户群体进行定向的方式，包括搜索关键词定向、当前浏览关键词定向和历史浏览关键词定向3种方式
到访定向	向在百度上点击过相关广告信息或曾经访问过广告主相应网站的用户定向投放相关广告

百度联盟的付费方式有两种：第一种是直接在站点投放代码，然后按照广告的点击量付费；第二种是在网站上放置搜索框，按照搜索结果中的广告点击付费。

2.2.3　其他搜索引擎广告

在移动互联网迅猛发展的背景下，搜索引擎企业又开发出了导航广告、移动搜索引擎广告、信息流广告等一系列广告形式。下面主要介绍前两种形式。

1.　导航广告

导航广告依附于导航网站。导航网站是集合较多网址，并按照一定条件进行分类的一种网址站，如360搜索的360导航、百度的hao123等。通过此类网站，用户可以快捷地进行查找并使用相应的互联网服务，所以导航网站也是用户访问互联网的一个主要入口。

导航广告，即投放在导航网站上的广告，其广告类型主要包括两种：一种是竞价广告，指在各类导航栏内对广告主网站链接加以排位与推广的广告形式；另一种是展示类广告，类似于门户网站的展示类广告，有横幅广告、弹窗广告等多种形式。

2.　移动搜索引擎广告

移动搜索引擎广告是搜索引擎企业基于移动端开发的广告类型，它既保留了PC端搜索引擎广告精准定向的技术特征，又结合移动应用的技术形态对已有的广告形式进行了优化，还延展出一些新的广告形式。

例如，移动关键词广告保留了与PC端一样的关键词设置、广告位置设置及按点击付费等模式，并结合移动端通过应用加载等功能，在广告信息链接中加入了电话咨询、电话回呼、QQ咨询、App下载、地图导航等多种组件，为广告主与目标群体的沟通提供更多的便利。

此外，移动关键词广告还注重引入AR、虚拟现实（Virtual Reality，VR）等新技术以创新呈现方式，以满足大品牌广告主多方位的品牌需求。移动网络联盟还邀请各类App成为会员，继而开发出适用于App的开屏广告、插屏广告、积分墙等多种广告形式。

2.3　微博广告

微博，即"微型博客"的简称。最早微博只支持发布140字以内的文字，因与传统博客相比，其发布字数受到限制而得名。微博是一个基于用户关系的信息分享、传播及获取平台，具有使用方式便捷、"一对一"传播与"一对多"传播结合、内容碎片化、交互性强和裂变传播等特点。当然，微博现在已支持长文字、多图片、短视频及长图文的发布。从出现至今，微博凭借其传播迅速、操作简单、进入门槛低等特点赢得了越来越多的用户的青睐。

微博广告是指广告主借助微博平台发布的所有关于商品和服务的信息，是网络与新媒体广告的一种新形式。微博广告是微博最早的商业模式之一，现在也是微博主要的营收点。根据发布者的差异，微博广告主要分为两类：一类是微博平台自营广告，另一类是企业自助广告。

2.3.1 微博平台自营广告

在微博广告位投放的广告主要包括展示广告、关键词搜索广告、信息流广告和植入式广告4种类型。

1. 展示广告

展示广告是微博最早的广告形式。根据广告位置的差异，微博展示广告又分为开机广告（见图2-7）、顶部广告（见图2-8）、底部广告等类型。

图2-7 开机广告

图2-8 顶部广告

2. 关键词搜索广告

关键词搜索广告，即广告主根据自己的营销需求确定相关的搜索关键词，并对这一关键词的搜索进行购买，当用户搜索这一关键词时，广告主的账号和广告博文便会置顶第一位呈现。这类广告能够实现广告关键词与用户需求的即时匹配，使其在合适的时间、合适的节点呈现给用户，实现精准化的广告信息传播。

此外，呈现在新浪热门话题板块的微博话题广告也可以算作关键词搜索广告。话题广告包括热门话题五轮播文字链、热门话题五轮播话题榜，以及移动终端热门话题推荐页第三位等形式。这类广告旨在针对热点事件借势或造势，在短期内提升用户的互动率，加强对用户的关系管理。既然用户搜索关键词，那么肯定是意向用户，基于关键词定向把广告展现给特定的用户人群，可以精准地定位目标人群。关键词同一时间仅限一个广告主购买，购买该关键词的广告主可以独占优质推广位置。关键词搜索广告会以原生广告的形式进行展现，用户接受程度高，体验度好，便于互动和传播。

3. 信息流广告

信息流广告也是微博广告的重要广告形式。新浪微博针对广告主对信息流广告的不同需求，设计了超级粉丝通、品牌速递、粉丝头条和微博精选等广告产品，其展示内容包括图文、视频、链接、App推荐等。

（1）超级粉丝通

超级粉丝通是新浪微博现阶段主打的信息流广告产品，它根据用户属性和社交关系将信息精准地投放给目标人群。广告主在超级粉丝通的后台提交需要推广的微博广告，设置广告受众的粉丝关系、人群属性、兴趣、标签，以及广告投放的平台、投放计划，超级粉丝通就把以九宫格、视频按钮、多图博文、图文按钮和应用大图等形式呈现的广告信息插入目标用户浏览的信息流中，如图2-9所示。

为了提升用户的体验度，同一条推广信息只会对同一用户展现一次，但同一广告主的不同推广信息都可以对同一用户进行展示。超级粉丝通的推广信息会随着信息流的刷新而正常滚动，微博广告投放引擎会控制用户每天看到的超级粉丝通的次数和频率。

超级粉丝通不仅具有全屏展现、立体定向、智能投放、数据追踪的特点，能提供灵活多样的广告展现方式，还具有强大的数据标签体系，使广告内容精准触达用户。此外，超级粉丝通还具有频次自控、智能出价、多维传播等优势。

图2-9　超级粉丝通

（2）品牌速递

品牌速递是微博为了满足品牌客户的推广需求而借助好友关系传播的信息流广告，其形式是在移动端或PC端置顶展示视频、图片或活动等。如果广告主与用户有关注关系，会置顶第一位展示，如图2-10所示；如果广告主与用户没有关注关系，则在第三位展示，如图2-11所示。

品牌速递是一种强曝光、多样式的微博信息流广告。强曝光是指优先于其他竞价类信息流广告对目标用户曝光；多样式是指广告主可以选择图文card、视频、视频card、全景图card、焦点图card、原生广告等展现形式，广告可以触达全天优质时段的目标受众用户。

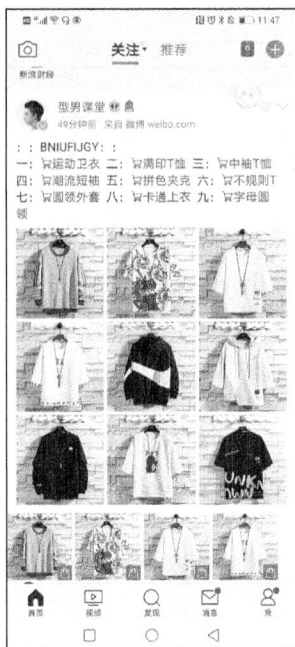

图2-10　品牌速递置顶第一位

图2-11　品牌速递第三位

（3）粉丝头条

粉丝头条是一款可以将指定微博展现在广告客户粉丝首页的微博列表第一条的广告产品。任何一条使用粉丝头条的微博在一个推广期（24小时）内只会刷新一次，只要粉丝看过，就不会第二次出现。粉丝头条的价格由系统根据微博认证身份、推广内容等综合因素计算得出。

（4）微博精选

微博精选是一款基于微博用户筛选的定向信息流广告，可以在PC端和移动端的信息流中进行同步置顶推广。其运作流程为：广告主先基于微博的营销洞察服务，借助用户筛选引擎和关键词搜索筛选，寻找目标用户并创建用户分组，接着创建包括计划名称、结束时间、投放平台、目标受众、每日预算上限在内的投放计划并加以投放。

4. 植入式广告

植入式广告是将文字、图片、视频与趣味话题等广告信息植入微博平台的应用功能中的广告形式。包括搜索、聊天、交友、音乐、美图、购物与游戏在内的应用功能在不影响用户体验的情况下，都可以适当地植入广告。

微博的植入式广告大致可以分为4类，如表2-3所示。

表2-3　微博植入式广告的分类

类别	说明
用户体验独白	用户会在微博上记录自己的生活经验和感受，其中会涉及自己使用的产品，这些就构成了真实的口碑。企业可以发起活动，让使用产品的用户主动讲述产品的使用体验，给予体验独白用户一些奖励，尤其关注那些粉丝较多的用户的微博

类别	说明
游戏植入	做一些秒杀、抽奖、竞猜等游戏，吸引微博用户参与，以积累粉丝，增加流量
舆论热点植入	针对网络舆论热点人物设计广告。由于舆论热点有发生、成长、高潮、退潮等阶段，所以企业要敏锐地察觉舆论热点的发展过程，在合适的时间植入广告
段子植入	好玩、幽默、表达人生感悟的段子（有时配上图片或视频）很容易得到用户的喜欢，企业把品牌或产品植入这些段子中，用户一般不会反感，反而会赞叹内容十分有创意

2.3.2 企业自助广告

企业自助广告是指企业在发布广告时不用与平台的销售代表接触，随时随地直接发布企业的推广信息。按照内容来划分，企业自助广告可分为产品广告、促销广告、品牌广告和活动广告。

1. 产品广告

产品广告即通过介绍产品的功能、使用方法、特点、价格等，特别是对新上市产品的卖点进行强调和阐述来吸引用户的微博广告，如图2-12所示。

2. 促销广告

促销广告是以促销信息为主要内容的广告形式，内容包括优惠券、折扣码、赠品券、礼品券等，如图2-13所示。

图2-12 产品广告　　　　　图2-13 促销广告

3. 品牌广告

品牌广告是指企业通过自主创建话题，传播消费者的购买或使用心得、品牌的文化与历史等，以此提高品牌的知名度、认知度和美誉度的广告形式。

4. 活动广告

活动广告通过传播活动信息，包括具体的活动内容、活动方式、奖项设置、地点范围、时间限制等，帮助广告主迅速提高品牌和产品的知名度，吸引更多目标消费者群体的关注。

2.4　微信广告

微信是腾讯公司推出的一款为智能终端提供即时通信服务的免费应用程序，支持用户之间进行跨通信运营商、跨手机操作系统平台的文字、图片、语音、视频等形式的信息传收。它既实现了点对点的交流，也可以在朋友圈进行信息分享，同时支持分组聊天、点对面传播等。微信实现了人际传播、群体传播、大众传播三者的无缝链接和全面贯通。

随着微信公众平台、微信支付、微信城市服务等功能的推出，微信已经不再是一个单纯的社交工具，它广泛渗入人们的日常生活，与人们的生活产生了密切的关联。如今，微信已经发展成为一个营销推广的重要渠道，越来越多的企业和商家投入到微信营销中。在短短几年时间内，微信广告已在我国社交媒体广告市场中占据了非常重要的位置。

根据发布者的差异，微信广告主要分为两类：一类是微信平台自营广告，另一类是微信公众号运营广告。

2.4.1　微信平台自营广告

微信平台自营广告始于2015年1月21日，第一条微信广告是署名为"微信团队"的用户发布的六张带字的图片，文案分别为"它无孔不入""你无处可藏""不是它可恶""而是它不懂你""我们试图""做些改变"。这条朋友圈广告的右上角有"推广"两个字，点开左上角的链接后会出现一张图片，上面写着"广告是生活的一部分"。该广告是微信广告的自我宣传，宣告广告成为微信的一种商业模式，如图2-14所示。

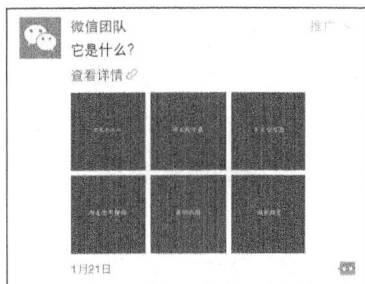

图2-14　第一条微信广告

微信最初运作的广告均是典型的信息流广告，由文字和图片组成，用户点击下方的查看详情链接，即可跳转到广告的落地页。另外，这些广告像普通的朋友圈内容一样，用户可以对内容点赞、评论，微信好友间也能看到评论和点赞的内容。在发布此条广告后，微信团队表示会将用户体验放在第一位，此类广告的存续与否最终由用户来决定。在随后的运作过程中，除了优化朋友圈中的信息流广告外，微信团队又推出了公众号广告。

1. 微信朋友圈广告

微信朋友圈广告是以类似好友的原创内容的形式在朋友圈中展示的广告（见图2-15），用户可以通过点赞、评论等方式进行互动，并依托社交关系链传播。这类广告主要包括图文广告和视频广告两种形态。

图2-15　微信朋友圈广告

2015年1月25日晚，首批微信朋友圈广告上线，"宝马中国""vivo""可口可乐"3个品牌的信息流广告出现在不同用户的朋友圈，成为当晚热议的焦点。

"宝马中国"在微信朋友圈投放的广告上线17小时后，曝光总量接近4600万，共获用户点赞、评论数量近700万次，宝马公众号的粉丝增长了20万；vivo的微信朋友圈广告的曝光量接近1.55亿，用户点赞及评论数量多达720万次。

2. 微信公众号广告

微信公众号广告基于微信公众号生态体系，以文章的形式出现在公众号文章中，提供公众号关注、移动应用下载、卡券分发、品牌活动广告等多种官方推广形式，支持多维度组合定向投放，实现高效率转化。目前，如果一个公众号的粉丝量达到500，其运营者就可以申请成为微信流量主，将公众号中的指定位置（如文章页面底部）交给微信平台（以前是腾讯的效果广告投放平台——广点通）统一管理，供广告主投放广告，而流量主则按广告的点击率获得收入。通过广告投放系统，广告主的广告会定向投放到那些标签、受众、文章与其较为匹配的公众号上。

2016年，微信推出了支持广告主与流量主在线上双向选择的公众号互选广告，这样，广告主就能选择与自己的品牌或目标人群更匹配的公众号投放广告，流量主也可选择与自己公众号调性相符的品牌及广告。

在具体操作时，流量主放出报价，同时承诺文章的广告位（比之前微信文章底部的广告面积更大，而且位置在"阅读原文"上方，看起来更像文章的配图而不是广告）完成多少曝光，假如广告主对某流量主有投放意向且该流量主也选择接单，则交易达成，流量主按约定发布文章，投放数据会及时呈现在交易平台，如图2-16所示。如果广告主投放的广告在7天之后曝光数达到承诺的曝光量，则流量主获得全额广告收入；反之，则按实际曝光量的比例进行结算。

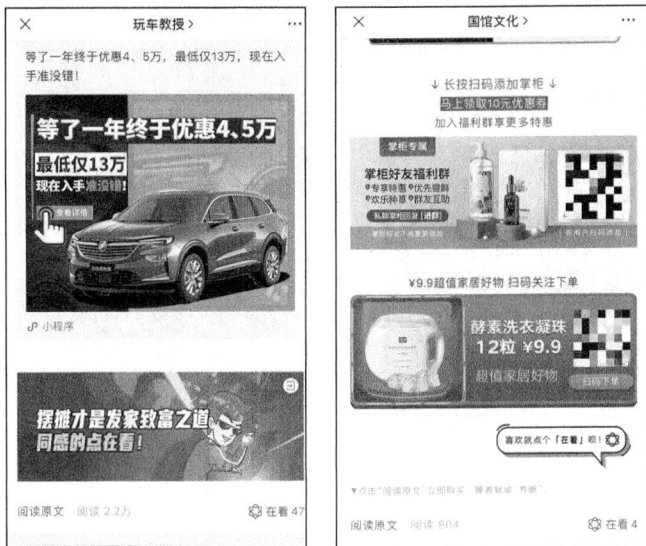

图2-16　微信公众号广告

2.4.2　微信公众号运营广告

与成为流量主，运营者依托微信广告系统发布的微信公众号广告不同，微信公众号运营广告是微信公众号的运营者自己撰写软文，设计和开发广告位，自行定价，直接与广告主进行交易的广告类型。目前，选择自己运作广告的微信公众号通常都有数十万、数百万甚至千万级别的粉丝，其文章的浏览量往往都是"10万+"，因为用户的深度关注及对公众号的较高信任，其广告的转化率（如App下载、公众号关注）也较高。

如果再细分这些公众号的广告类型，大体可分为病毒广告和植入广告两类。病毒广告是将广告本身变成大家愿意分享、易于分享的"病毒"内容；植入广告则是根据品牌或产品的特点专门撰写软文，或者将品牌或产品信息植入到公众号的栏目、菜单之中，形成软文广告、栏目冠名广告、菜单广告、金句冠名广告、硬广植入等类别。

1. 病毒广告

病毒广告是指在微信公众号上发布容易引起用户共鸣的内容，如亲情类、搞笑类、励志类或鸡汤类的广告内容，并通过微信用户的转发与分享，实现广告信息的大规模扩散，达到病毒式的传播效果，其形式有长图广告、H5广告、视频广告等。这类广告投入相对较低，借助社会网络传播机制传播，容易引起人们的关注，其中的广告信息也更容易被用户接受。

2. 植入广告

微信公众号的植入广告多为定制式的原生广告。原生广告在视觉形式上与广告投放的应用界面相契合，可以为用户带来浑然一体的体验，其展示的内容不仅与用户极为相关，还与周围的应用内容融为一体，既能提供价值，又能改善用户体验。

微信中的原生广告可以是一条朋友圈信息，也可以是一篇公众号文章。对微信公众号的植入广告来说，广告内容看起来要与公众号文章的前后文信息有所关联，而不是简单、粗暴地切入用户的阅读过程，如图2-17所示。

图2-17　植入广告

2.5　短视频广告

2018年是短视频爆发的一年，诸如快手、抖音这样的短视频App在短时间内成为爆款应用，而短视频也成为当下最大的风口。短视频的爆发其实也经历了多年的积累，从默默无闻到一朝壮大，不仅是因为市场喜好的变化，也是由于短视频平台自身在发展中的不断坚持和改进。而随着短视频的兴起，正在困境中挣扎的传统广告似乎也看到了新希望，短视频广告成为传统广告发展的新方向。

短视频广告所花费的成本和预算相对低廉，尤其适合资金实力有限的中小企业。作为视觉营销的一种重要形式，短视频广告更加契合人类作为视觉动物的信息接收习惯。除此之外，短视频广告还具有适用于移动端、有利于搜索引擎优化、分享便捷、反馈即时等优势。

目前，短视频广告主要有两种形式，分别是短视频平台自营广告和企业自助短视频广告。

2.5.1　短视频平台自营广告

关于短视频平台自营广告，我们以抖音为例进行介绍。抖音结合自身平台的内容优势，开发了多种多样的广告形式，可以满足各类品牌对多种营销场景和营销形式的广告投放诉求，实现更高效、更有针对性的广告投放。下面简单介绍几种抖音广告类型。

1. TopView广告

TopView广告是抖音首创的一个超级曝光广告产品，它以开屏+首条信息流视频的形式在前3秒强势曝光，第4秒无缝接入可长达60秒的品牌/营销信息，形成完整的沉浸式触达，如图2-18所示。这种广告形式不仅可以为品牌主提供更丰富的营销空间，还可以满足用户与广告开展深度沟通的需求，增加品牌广告主的曝光率。

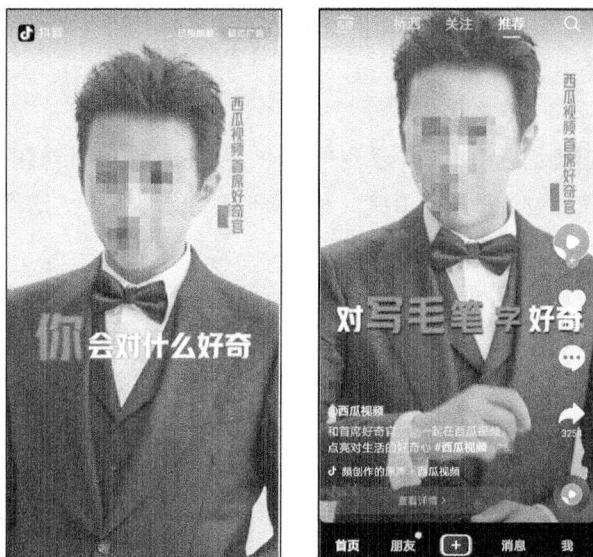

图2-18　TopView广告

2．开屏广告

开屏广告在抖音App启动时进行展示，位于开机第一入口，视觉冲击力强，强势锁定新生代消费主力，支持静态、动态和视频3种形式的广告样式，可以帮助企业或品牌实现较强冲击力的曝光，而且每天每个用户可看到的开屏广告次数不限，如图2-19所示。

图2-19　开屏广告

3．信息流广告

信息流广告可以推广5～60秒的短视频，在抖音推荐流中以原生广告样式进行传播展示，无缝融入抖音推荐流中。信息流广告的特点如下。

（1）全屏无干扰。信息流广告以全屏的形式展现，广告内容传递无干扰，可以为用户带来移动端竖屏展示的全新视觉体验。

（2）账号关联，"聚粉"能力强。信息流广告与品牌抖音账号打通，支持品牌持续积累粉丝，突破品牌营销发展的瓶颈。

（3）分享促传播。用户可以将广告内容分享给抖音站内好友或者分享到其他社交平台，助力品牌全平台传播。

4. 抖音挑战赛

抖音挑战赛是通过强话题引导来带动用户互动，从而助力品牌传播的一种营销方式。抖音挑战赛可以通过黄金资源位流量入口引流，如开屏信息、本地发现、达人视频、话题位置、热门道具等，可以展现活动，让更多的用户参与活动。

抖音挑战赛可以定制品牌互动页参与，深度展示品牌权益，如品牌话术植入、品牌落地页链接、互动主题定制、达人视频植入，为品牌和用户搭建沟通阵地。当然，抖音挑战赛的关键是创意，每一个挑战赛都要围绕用户的操作习惯和产品的特点来制订，如图2-20所示。

图2-20　抖音挑战赛

2.5.2　企业自助短视频广告

企业自助短视频广告是指企业在发布短视频广告时不用与平台的销售代表接触，可随时随地直接发布企业的推广信息。由于其方便快捷的特点，越来越多的企业选择企业自助短视频广告的方式。下面介绍几种常见的企业自助短视频广告使用方式。

1. 拍摄产品短片，为用户解答疑问

拍摄产品短片是短视频广告营销最基本的应用形式，很多品牌在开展短视频广告营销时就采用这种方式。有时候，简短的"如何……"一类的视频短片就可以快速、有效地解答用户的疑问。

在拍摄产品短片之前，企业要整理出客服部门最常收到的问题，然后制作相关的视频短片来解答这些问题。例如，针对用户普遍反映的产品安装问题，企业可以拍摄一条短视频，在短视频中告诉用户如何安装产品，展示安装教程并配上语音指导，为用户提供有价值的信息和帮助。

这类短视频之所以备受用户的欢迎，就在于它们能够在有限的时间内直观地展现品牌的专业性和权威性。创意首先是一个吸引用户眼球的点，但整个短视频最让用户印象深刻的是教会

了他们如何完成一件事。这类短视频不仅仅是为了娱乐，也不一定和品牌产品直接相关，但对于用户来说它们的确提供了一些有价值的实用信息，所以会使用户对品牌更有好感。

2. 将产品制作过程拍摄成短视频

企业可以利用抖音将产品的制作过程拍摄成短视频展现给潜在用户。例如，咖啡馆可以通过短视频展示其咖啡制作工艺，时尚沙龙可以在短视频中展示用户的变身过程等，如图2-21、图2-22所示。

图2-21 展示咖啡制作工艺

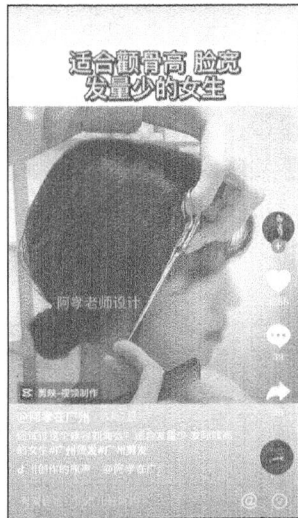

图2-22 展示用户变身过程

3. 节日短视频

由于节日自带的仪式感、流量属性和情感内核，所以节日短视频成为短视频创作者创造爆款的有效途径之一。创作节日短视频的方法有两种，一种是形式上的蹭热点，另一种是情感融合与延伸。品牌进行节日营销时，可以创作以节日为主题的短视频广告，通过节日强化品牌与用户的联系。

（1）形式上的"蹭热点"

在制作节日短视频时，创作者要重视在形式上的表现力。例如，端午节时，美食博主可以通过做粽子来表现短视频内容与端午节的结合；七夕节时，美妆博主可以通过展示初恋妆的技巧来表现短视频内容与七夕节的结合。这种方法对用户的认知要求较低，用户的接受度较高，但缺点在于创意不足，同质化严重，很难从同类作品中脱颖而出。

（2）情感融合与延伸

对于文化内涵深厚的节日，创作者可以充分利用节日的文化属性，挖掘节日本身承载的大众情感，并将其与短视频内容相结合，使用户产生情感共鸣，从而拉近与用户的心理距离，让其产生信任感，最终使短视频成为爆款。

目前，常见的情感融合与延伸方式有两种：一种是总结、对比或盘点，适用于元旦、春节等象征结束和新开始的节日，可以把用户带到过去与现在对比的想象情境中，从而产生互动与共鸣；另一种是聚焦人文关怀，用情怀打动用户，一般围绕自我、梦想、爱情、亲情等话题来展开，通过温暖人心的内容打动用户，进而形成"刷屏"效果。

2.6 其他常见的网络与新媒体广告

除了前面介绍的门户网站广告、搜索引擎广告、微博广告、微信广告和短视频广告外,其他常见的网络与新媒体广告还有视频网站广告、App广告、H5广告、直播广告、音频广告等。

2.6.1 视频网站广告

视频网站广告是指在视频网站投放的广告,主要有视频贴片广告、定制内容、赞助/冠名广告、角标广告等类型。下面主要介绍定制内容、赞助/冠名广告、角标广告。

1. 定制内容

定制内容是视频网站结合广告主的产品特点为其打造的剧集、栏目、微电影、纪录片等视频内容,往往能将品牌的精神、定位、广告语、广告创意等信息融入视频内容之中。定制内容有两种运作方式,如表2-4所示。

表2-4 定制内容的运作方式

运作方式	说明
广告主委托制作	广告主向网站提出广告需求,由网站的销售部门与内容部门进行联系,共同制订剧本、演员、广告等方案,然后再找导演及专门的制作机构制作相应的内容
平台自发制作	由视频网站的自制部门自行提出拍摄方案并负责整个视频内容的监制流程,而销售部门在该过程中负责广告招商、销售等工作

与视频贴片广告相比,定制内容具有以下优势。

（1）投入较低

广告主不必按照传统的广告代理模式向媒体付费,只需承担广告信息的制作成本及一定的前期推广费用即可,这无疑大大降低了广告主的营销投入。

（2）裂变式传播

这类广告不同于传统广告"一对多"的辐射状传播,而是借助社会网络传播机制,通过类似于人机传播的渠道,让用户将营销信息分享、传递给与他们有关系的个体。其中,每一个传播者都是这个传播网络中的一个节点,每一次传播都是一次裂变,都有可能覆盖该节点的整个社会关系,由此实现了信息在短时间内的几何级增长。

（3）用户接受度高

量身定制的内容不但能够使视频内容与品牌信息高度结合,避免了硬性广告对用户的干扰,而且相对较长的视频时长可以充分阐释品牌的理念与内涵,促进品牌与用户的深度沟通和对话,激发用户的情感共鸣。

2. 赞助/冠名广告

赞助广告是指广告主通过提供资金、物品等方式资助某类网络视频节目或栏目,视频网站在视频内容中以视频片头标版(节目开始时出现字幕并配音)、主持人口播、滚屏字幕鸣谢、视频内容嵌入广告元素(如产品陈设、演播室展现企业Logo)等方式对广告主的品牌或产品加以宣传的一种广告形式。

当广告主的资助金额较大时，视频网站还会以品牌或产品名称作为相关视频、栏目的名称前缀加以宣传，这便是冠名广告。相较于视频贴片广告、页面广告等硬性广告，赞助广告和冠名广告很难被用户跳过或屏蔽。有些主持人口播广告、产品陈设广告还凭借着与视频内容的巧妙结合而更容易被用户接受，因而具有较好的渗透效果。

3. 角标广告

角标广告是指在视频播放过程中悬挂在屏幕右下角的广告标志。这类广告虽然占据屏幕的面积较小，但能够伴随视频播放的全过程展示，如图2-23所示。因此，这类广告具有播放时间长、触达率高、不可规避且广告费用相对较低等优势。

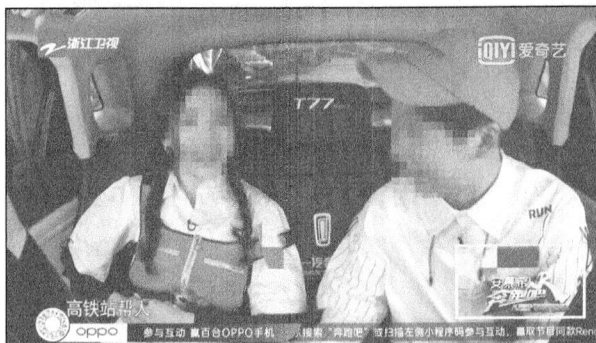

图2-23 角标广告

在近些年的发展过程中，为了进一步提升用户的兴趣，增强用户的参与积极性，视频网站还对角标广告的展现形态和出现方式加以创新，推出了弹幕广告、压屏条等新颖的广告形式。

2.6.2 App广告

目前，App已经成为移动终端主流的信息入口和内容载体，App广告因其移动性、互动性、趣味性等三大展现优势而受到广告主的青睐。App广告主要分为展示类广告、植入类广告和其他App广告，如基于位置的服务（Location Based Service，LBS）广告、二维码广告和AR广告等。

1. 展示类广告

展示类广告主要包括开屏广告、插屏广告、信息流广告、积分墙广告、推荐墙广告、公告广告、下拉刷新广告和私信通知。

（1）开屏广告

开屏广告是指用户在打开App时自动以全屏方式呈现出来的广告，一般展现3~5秒，具体表现形式为静态图片、GIF图片和Flash动画等，视觉冲击力强，不过用户也可以选择跳过广告。对于专业性很强的垂直类App来说，广告主除了关注流量数据外，也特别重视App的使用场景、用户与自身的契合度等。

（2）插屏广告

插屏广告在游戏类或视频类App中较为常见，通常在游戏或视频暂停时会出现，分为静态图片和GIF动图两种形式，具有尺寸较大、视觉冲击力强、容易被用户点击等特点，但缺点是比较影响用户体验，如图2-24所示。插屏广告大多以CPC和CPM方式计费。

图2-24 插屏广告

（3）信息流广告

信息流广告一般出现在信息流的固定位置，其展示样式与信息流的常见样式基本一致，目的是不让用户产生阅读上的阻碍感，同时提升广告的点击率。这类广告常见于社交类App（如微信、微博）及资讯类App（如今日头条、腾讯新闻）等。

（4）积分墙广告

积分墙广告是指在App中展示各种积分任务，如下载安装推荐的优质应用、注册、填表等，以供用户完成任务获得积分（也可能是虚拟道具、现金或实物奖励等）的页面。积分墙广告通常以文字或按钮提醒（如"获取免费精品""精品推荐"等）的形式引导用户进入积分墙下载页面，用户只要下载相关应用程序就能获得积分。

（5）推荐墙广告

推荐墙广告是指在App内展示推荐应用的广告形式。App内置推荐墙，用户通过这一页面可以下载推荐的App。推荐墙没有积分驱动，带来的转化更加真实、有效，拥有多个App的开发者还可以借助推荐墙推荐自己的其他应用。与积分墙相比，推荐墙具有流量真实、搜索方便、用户质量高等优点，更利于应用获取优质用户，提升在应用商店的搜索排名。

（6）公告广告

公告广告又称App活动广告，常发布于电商类App的首页，通过不断滚动播放消息的形式给用户传递相关消息。公告广告的优点是直观、简洁，不占用内容页，缺点是它不能直观地诱导用户点击，只能起到提示的作用。图2-25所示为当当网的"当读好书"，其向用户推荐各种优质图书；图2-26所示为淘宝的"淘宝头条"，其向用户推荐新品。

（7）下拉刷新广告

下拉刷新广告是指当用户下拉刷新App页面的内容时，会填充空白页从而达到宣传效果的广告形式。下拉刷新广告的优点在于其隐藏在内容页面下，用户在刷新时才会出现，既可以节约空间成本，也不影响用户体验；缺点是广告时间短，不容易引起用户的注意。

（8）私信通知

私信通知就是App以私信的形式将广告信息发送给用户，用户通过查看私信了解商品详情的广告形式，如图2-27所示。私信通知的优点是十分精准，广告信息的触达率高；缺点是它经常忽略用户需求，会增加用户的筛选成本。

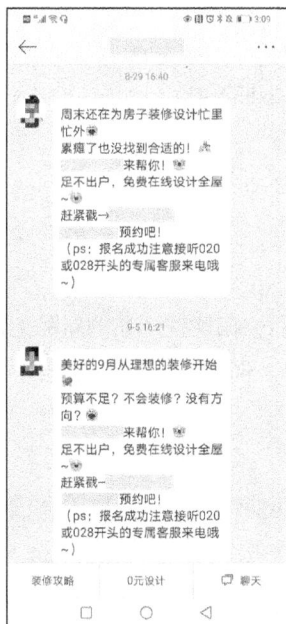

图2-25　当读好书

图2-26　淘宝头条

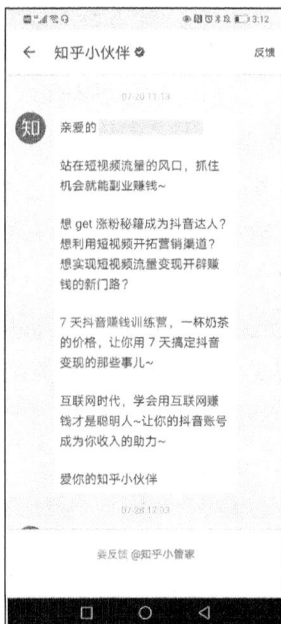

图2-27　私信通知

2. 植入类广告

植入类广告主要分为品牌定制App广告、App植入广告两种形式。

（1）品牌定制App广告

品牌定制App也称自建App，品牌定制App广告即企业自己设计制作App，然后将产品和服务信息植入到App中。当前，一些企业已经意识到，与其不断优化本企业网站在移动设备上的用户体验，还不如推出企业的专属App。品牌定制App不仅能给用户带来视觉上的愉悦感，还能为用户提供更多样的服务。

此外，App Store和Google上的App索引功能有了很大的进步，各种类型的App都更容易进入相应的目标群体的视线，这在客观上也加快了企业推出专属App的步伐。图2-28所示为某企业自建的一个积分兑换商品的App。

图2-28　企业自建的App

（2）App植入广告

App植入广告是指在App页面信息中放置的各种类型的广告。App植入广告可细分为视觉替换类植入、栏目植入冠名、意向拦截、行动顺应、专项活动策划等形式。

① 视觉替换类植入

视觉替换类植入适合快消品、汽车等品牌产品，在这些产品的新品上市阶段，可以将广告信息植入到娱乐游戏类、社交类、工具类App中。例如，映客、唱吧等娱乐类App将应用中"打赏"等元素替换为品牌内容进行植入。

② 栏目植入冠名

这类广告植入看重品牌产品特点与所选App功能特点的匹配度，通过品牌推荐、品牌提示等植入手段提升用户对品牌的好感度。

③ 意向拦截

这类广告植入通常以工具类App为主，通过广告内容满足用户需求的特性，以提升品牌好感度或引导线上到线下（Online To Offline，O2O）行为。例如，高德地图等导航类应用通过对用户在机场、火车站、学校、购物中心等地理位置的行为数据进行分析，更深刻地理解用户的行踪习惯，实现基于信息点（Point of Information，POI）的数据标签投放。

④ 行动顺应

以新闻资讯类App的汽车频道为例，用户在频道内查阅信息时，App除了提供信息资讯外，还可以植入"车主服务"等互动入口。一旦用户产生想要询价或试驾等意愿，就能及时连接最近经销商的服务，实现用户行为有效顺应，如图2-29所示。

图2-29　行动顺应

⑤ 专项活动策划

广告主可以依据某一类型App的特征，借助社会热点话题，针对品牌营销目标开展专题活动策划，从而体现品牌理念，甚至是改变人们的观念和生活方式。例如，网易考拉海购借助综艺节目《××去哪儿5》开展了一系列营销活动。

网易考拉海购作为《××去哪儿5》的赞助商，在为该综艺节目宣传预热时抛出了一段对深度用户的采访，从众多妈妈的"吐槽"中体现爸爸在孩子的成长过程中扮演的"隐形"角色，使广大网友感同身受这使网易考拉海购冲进了微博热搜榜，并冲上App Store的热门搜索。

3. 其他App广告

在App广告中，除了展示类广告、植入类广告等外，还有其他形式的App广告，如LBS广告、二维码广告和AR广告。

（1）LBS广告

LBS利用各类型的定位技术来获取定位设备当前的所在位置，通过移动互联网向定位设备提供信息资源和基础服务。LBS广告是指建立在服务的基础上，根据用户的地理位置推送附近的广告信息，让用户更加深刻地了解附近企业的产品或服务，最终达到宣传的目的的广告形式。

与传统的App广告相比，LBS广告可以对消费者的现实生活（如查找附近商家、下载优惠券等）提供更多的助益，而将"签到"同步发布到社交网站、奖励用户虚拟荣誉勋章等服务也迎合了用户希望在社交圈中分享和炫耀的心理，从而使LBS及依托于其上的广告受到用户的青睐。对广告主来说，LBS广告可以整合本地生活信息、社交服务、游戏元素及场景化服务于一体，还可以获得用户的主动聚集和签到信息，比单向的硬广告更有助于广告主与消费者的沟通，广告效果无疑会更好。

（2）二维码广告

二维码广告是在移动互联网的基础上推出的一种新型营销方式，就是将广告主或商品及服务的相关信息以二维码的形式进行编码，移动互联网用户只要使用手机拍下或者扫描任何载体上的二维码，经过手机识别后，即可获取该商家的商品及服务的详细信息。

（3）AR广告

AR是一种将虚拟信息与真实世界巧妙融合的技术，广泛地运用了多媒体、三维建模、实时跟踪及注册、智能交互、传感等多种技术手段，将计算机生成的文字、图像、三维模型、音乐、视频等虚拟信息模拟仿真后，应用到真实世界中，两种信息互为补充，从而实现对真实世界的增强。

AR广告采用AR技术呈现，其优势在于互动性强，趣味十足，可以从创意思维出发，充分调动用户的感官，让用户自由地和自己喜爱的内容互动。AR广告与用户不再是对立的关系，用户可以友好地完成对广告信息的学习和理解。

2.6.3　H5广告

H5是指第5代超文本标记语言（Hyper Text Markup Language5，HTML5），也指用H5语言制作的一切数字产品。平时我们上网所看到的网页多数是由HTML写成的。智能手机的不断普及，移动互联网的快速发展，微信的异军突起，都为H5的发展提供了良好的环境。

H5广告是利用HTML5编码技术来实现的一种数字广告，其优势如下。

1. 跨平台

H5广告是少有的可以在多个平台上完美运行，并且能为用户展示丰富内容的广告形式。H5广告的跨平台特性使其覆盖面比传统广告更广，能够为广告主带来更多的流量。

2. 低成本

利用H5进行营销，企业需要花费的费用只是H5的设计成本和维护费用，投入的资金有限，相较于传统的电视广告、宣传海报、活动展板等花费的费用要少。随着H5制作技术的改进，出现了很多H5专业制作平台，如易企秀、人人秀、兔展、MAKA等。在这些平台上，用户只需使用模板进行图文替换，即可快速生成H5广告，如图2-30所示。

图2-30　使用模板制作的H5广告

当然，还有一类比较高端的H5广告需要进行定制，仅靠第三方工具是无法完成的。这类H5广告因为涉及程序开发，需要由专业团队来完成项目的制作和执行，通常由经验丰富的设计师、程序员和策划人员合作完成，项目的制作周期较长，需要的费用也较高。这类H5广告往往会出现"刷屏"级的爆款，如图2-31所示。

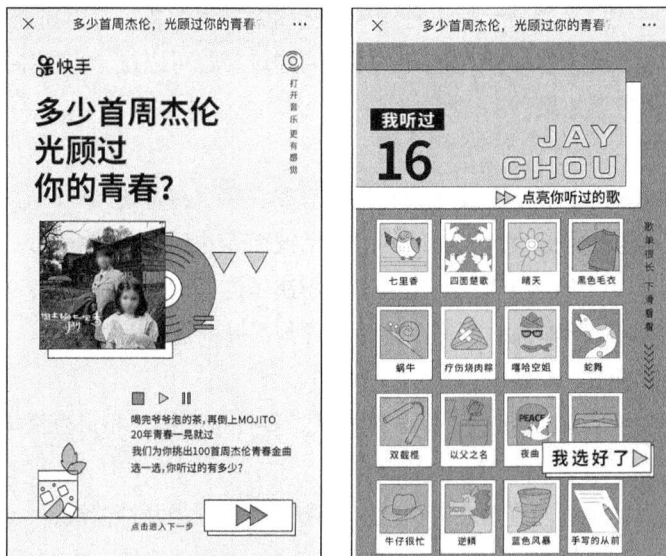

图2-31　"刷屏"级的H5广告

3. 快传播

与传统的视频广告、横幅广告、文字广告相比，H5广告的展现形式无疑要丰富得多，动态的画面、高频的互动、有趣的内容和众多的玩法都更容易被终端用户所接受。只要广告主稍加引导，用户就会自发地将H5广告分享给好友，随之为广告主带来巨大的流量和价值。

2.6.4　直播广告

网络直播行业在近几年快速发展，特别是在短视频业态融合发展等多重因素的综合作用下，网络直播市场空间持续扩大。

随着网络直播行业及网络直播平台的不断发展，直播内容的表现形式越来越丰富，可视性、交互性、实时性、沉浸性越来越强，内容也越来越碎片化、娱乐化、生活化。

1. 直播广告投放的特点

（1）实时调整

传统的网络营销都是企业发布广告信息，如果用户感兴趣，就会搜索关键词进行了解，如果不喜欢就不看，而且企业发布的广告不能立刻更改，比较被动，而直播广告就能摆脱这一困境。在直播过程中，企业可以根据用户的喜好与建议实时调整广告的形式和内容，使广告效应最大化。

（2）转化率高

直播广告不仅能让企业看到用户的覆盖面和粉丝增长等数据，还可以实现用户边看边买，或者配合促销活动引导用户到相应的电商平台购买产品。

（3）用户群体精准度高

用户要想看直播，就必须在某个特定的时间段进入直播间，这一特点使企业可以进一步锁定品牌的忠实用户，使广告做得更有价值。

（4）深度互动

在这个碎片化时代，直播是一种带有仪式感的内容播出形式，可以将拥有相同兴趣、爱好的人聚集在一起，使彼此的情绪相互感染。品牌商通过广告可以进一步渲染这种氛围，从而达到"四两拨千斤"的营销效果。

（5）即时互动

以往品牌商要想举办一场产品发布会直播，总要在某个特定的产地举办，距离较远的人就算很有兴趣，也可能因为路途太远、时间不足等情况而无法到现场观看，以致品牌商达不到预期的活动效果。而直播广告的出现在一定程度上解决了这一问题，不管用户在哪里，只要对产品感兴趣，都可以通过网络实时观看产品活动，并与品牌商进行即时互动。

2. 直播广告的模式

当前，直播广告主要有3种模式，即导购模式、委托推广模式和自直播模式。

（1）导购模式

电商一般会采取导购这一直播广告模式。导购模式也分为两种情况，一种是主播自己经营店铺，利用直播来吸引人气；另一种是主播推广其他品牌商的店铺，主播负责在直播时推广该店铺商品，以此来吸引用户，用户看直播时可以直接挑选并购买商品，最终由直播平台和主播/店铺分成。

（2）委托推广模式

一些主播在拥有一定的名气和热度之后，不少品牌商就会看中这些主播所在直播间的流量，委托主播对自己的产品进行宣传，而主播会收取一定的推广费用，如图2-32所示。当然，直播平台也可以在App、直播间、直播礼物中植入广告，按展示/点击和广告公司结算费用。

图2-32 委托推广模式

品牌商在委托主播推广产品时，品牌商的广告布局分为以下两种情况。

① 预算较充足

如果品牌商做的是大品牌，预算比较充足，需要品宣合一，做全案营销，建议投放头部账号、肩部账号和腰部账号（比例为2∶3∶5），以进行曝光量的累积，从而引爆销售。这个比例并非绝对，品牌商可以根据营销方案或产品品类进行适当调整。

② 预算比较有限

如果品牌商做的是比较小众的品牌，预算也比较有限，建议选择一些垂直类的账号。垂直类的账号粉丝不会太多，但粉丝黏性高，销售转化率也相应地要更高一些。

（3）自直播模式

自直播模式就是品牌商向直播平台付费申请直播，或者需要直播平台提供技术支持才进行直播的直播广告模式。直播平台为品牌商提供宣传等服务，最后还可以给品牌商提供观看数据。自直播模式可以维护私域流量的黏性，同时留存公域流量，拉新后再转化。

品牌商要想做自直播，首先要有成熟的运营团队，有过成功的营销活动案例，产品系列多元化，能够在直播时创造更多的玩法；其次要有一个基础的私域流量，这样可以更快地进行转化。

做直播需要投入很多精力，如果品牌商在自直播方面没有经验，可以寻找比较成熟的直播代运营机构进行合作。当直播间运营起来以后，品牌商可以做全域吸量，将委托推广模式和自直播模式相结合，二者同时进行。也就是说，通过借助热度高的"红人"直播间引流至自己的直播间，用直播间的权益留存用户并转化。直播间的权益有新粉关注有好礼、直播间专属价、下单买一赠一等。

2.6.5　音频广告

音频广告就是以音频为主要传播载体的广告形式，其具体形式可分为知识产权（Intellectual Property，IP）内容、品牌电台、平台活动、主播合作。

1．IP内容

IP内容分为三种形式，分别是品牌IP借力音频IP、品牌"请课"和IP共建。

（1）品牌IP借力音频IP

品牌IP通过音频IP的粉丝效应实现品牌曝光，音频IP通过品牌的赞助支持给粉丝发放福利，增强粉丝的黏性。

音频IP内容对外招商，身份唯一，权益比较丰富，包含冠名、植入、互动及衍生等广告类型，如表2-5所示。

表2-5　音频IP的广告类型

广告类型	说明
冠名	主要有口播冠名、皮肤套餐、专辑文字描述、配套硬广等
植入	可以根据品牌信息、调性及需求与节目内容深度绑定
互动	可以制作一些线上创意的H5，也可以定制线下主题活动

广告类型	说明
衍生	可以根据品牌需求及节目内容进行创意的延展，授权用户可以使用合作冠名节目的冠名称号、节目宣传素材，用于站外的线上线下宣传（但需要注意的是，名人肖像与节目Logo视觉形象不可分开单独使用，同时必须注明节目名称及音频平台，不可二次改编和转授权，物料要经过节目审核）

（2）品牌"请课"

品牌"请课"具体是指广告主挑选平台上与自己品牌调性契合的付费节目，购买一定数量的听课券或优惠券，通过活动赠送给品牌目标用户的广告形式。平台上各类高曝光、高点击的流量入口展示品牌"请课"活动广告，用户通过互动形式（如抽奖、社交分享等活动）获得听课券后可以免费听取，这样可以为品牌在站外带来二次曝光，如图2-33所示。

图2-33　品牌"请课"

（3）IP共建

IP共建是指根据品牌的主题调性与平台强强联合，双方共同孵化IP。例如，舍得酒业曾于2018年联合喜马拉雅App出品IP节目《舍得智慧讲堂》，有效地宣传了舍得酒业的品牌文化。

2. 品牌电台

品牌电台是指品牌在音频平台的营销阵地，带有官方"蓝V"认证，类似于微博上的品牌官方微博，或者说是微信上的公众号。

品牌电台的运作模式是由平台上的主播或者邀请名人"大咖"根据品牌调性进行内容产出，再由平台进行内容推广。在内容产出方面，平台通过主播微任务系统连接平台上的主播，为品牌电台产出内容，或者邀请名人"大咖"成为电台主播来产出内容；在内容传播方面，平台通过内容竞价广告系统连接平台上的主播，为品牌电台进行内容推广，或者通过实时竞价广告进行推广，实现品牌电台内容的精准投放。

3. 平台活动

音频平台可以通过举办各种活动来推广品牌信息。例如，喜马拉雅曾在北京、上海、广东等地的肯德基门店搭建现场直播间，宣传肯德基新推出的现磨咖啡，购买现磨咖啡的消费者可以在等待咖啡的时间段内收听喜马拉雅平台上好玩的、有趣的音频直播。

4. 主播合作

品牌可以邀请人气主播在节目中进行内容植入或者节目定制，利用主播的粉丝效应来推广品牌或产品。主播合作主要有以下优势。

（1）时效性长：节目存续时间长，传播效果持续最大化。

（2）主播效应：人气主播口播品牌，可以有效吸引主播粉丝。

（3）软植入：品牌与产品信息自然融入节目，能够增加用户好感度。

（4）精准化：节目就是人群的筛选器，通过多元独占内容实现标签化人群的精准营销。

（5）差异化：通过不同节目触达不同兴趣领域，如学习、运动、亲子教育、时尚等。

【课后习题】

1．简述门户网站广告和搜索引擎广告的类型。

2．简述微博广告和微信广告的类型。

3．简述短视频广告和直播广告的类型。

4．试分析图2-34～图2-36中的广告分别属于哪种类型。

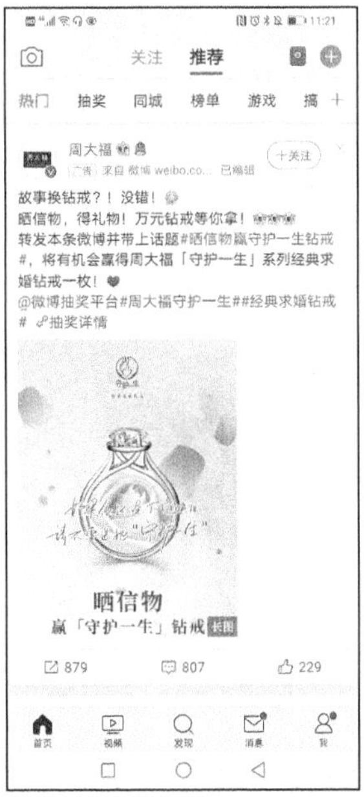

图2-34　广告（a）

图2-35　广告（b）

图2-36　广告（c）

第3章 网络与新媒体广告策划

学习目标

◆ 了解网络与新媒体广告策划的特点和基本原则。

◆ 掌握网络与新媒体广告策划的内容与流程。

◆ 掌握网络与新媒体广告策划书的撰写方法。

网络与新媒体广告在刺激消费者需求和消费、提高生产效率、促进资源配置合理等方面都起到了重要作用,其特征个性化、形式多元化的特点日益受到广告主的关注。但是,在实际运作过程中,网络与新媒体广告仍然存在不足之处,影响和制约着广告的传播效果。为了提高网络与新媒体广告的经济效益,增强广告的传播效果,广告主有必要对网络与新媒体广告进行全面策划。

3.1 网络与新媒体广告策划理念的认知

广告策划是根据广告主的营销计划和广告目标，在市场调查的基础上制订出一个与市场情况、产品状态、消费群体相适应的经济、有效的广告计划方案，并加以评估、实施和检验，从而为广告主的整体经营提供良好服务的活动。网络与新媒体更快的传播速度、更广的传播范围、更强的受众互动性等特征对广告策划提出了更高的要求。

3.1.1 网络与新媒体广告策划的特点

网络与新媒体广告策划不同于在传统媒体上开展的广告策划活动，传统媒体的广告策划活动是"一对多"的传播模式，受众接受信息较为被动；而在网络时代，尤其是新媒体时代，广告的传播模式已经转变为"多对多"，网络与新媒体和受众的关系趋于平等，受众的互动欲望越来越强烈。因此，在网络与新媒体广告策划中，广告主要转变观念，不是"对谁说话"，而是"与谁对话"。要想成功地完成网络与新媒体广告策划，广告主首先要了解网络与新媒体广告策划的特点。

1. 互动性

在网络技术迅速发展的同时，一些基于网络的互动技术也愈加成熟与普及。如果广告主在网络与新媒体广告策划中增加一些互动性的内容，就能丰富广告形式。这样的广告会比一般的广告更能吸引受众的注意，还能提高受众的参与度，如图3-1所示。

图3-1 互动性

2. 娱乐性

如今是注意力经济时代，一板一眼的对话方式已经难以引发受众的注意。可以这样说，全民娱乐的时代已经到来，唯有那些具备娱乐元素的广告活动才可能引起反响，达到预期的广告传播效果，如图3-2所示。因此，"有趣"是网络与新媒体广告策划成功的重要条件。

图3-2　娱乐性

3. 分享性

现如今，受众热衷于在微博、微信等社交平台上分享生活，彰显自己的个性。因此，网络与新媒体广告策划也要抓住受众的这一特质，给受众带来有"个性"且"值得分享"的体验，促使受众忍不住将广告分享给好友，从而扩大广告信息的传播范围，如图3-3所示。

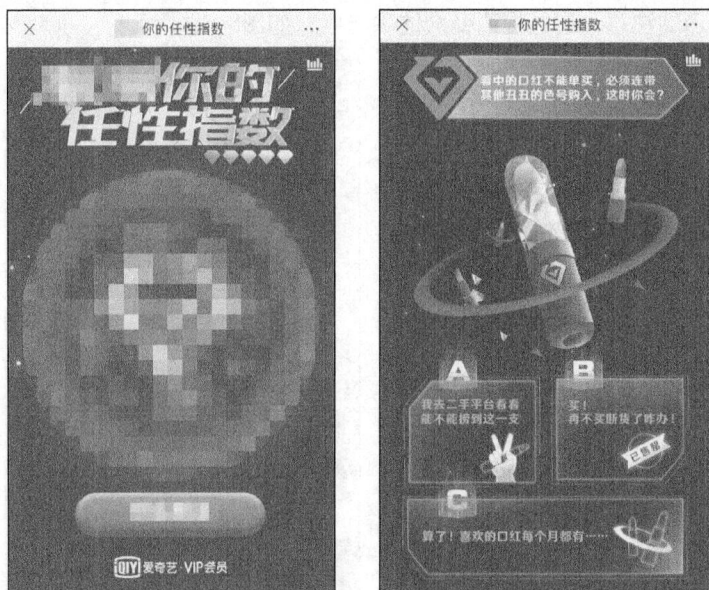

图3-3　分享性

4. 体验性

在这个选择越来越多且信息越来越透明的时代，受众不再盲目地听从商家告知的信息，他们更愿意相信网友所言或自己的亲身体验。从前者入手，广告主就必须使受众乐于分享发布的广告信息；从后者入手，广告主更要加强受众的"真实体验"，这种体验越贴近真实越好，如图3-4所示。

图3-4　体验性

3.1.2　网络与新媒体广告策划的基本原则

广告策划有其自身的规律，网络与新媒体广告策划虽然是在新的市场环境和媒体环境下开展的，但也要遵循一般的广告策划规律，这样才能达到预期的广告效果。具体来说，网络与新媒体广告策划应遵循以下基本原则。

1. 整体性原则

任何广告策划活动都不应该是孤立的，网络与新媒体广告策划的整体性原则表现为以下两个方面。

其一，网络与新媒体广告策划不仅是网络与新媒体广告活动的核心环节，还是企业营销策划系统中的一个重要分支。因此，网络与新媒体广告策划必须服从企业营销策划，与企业营销策划中的各项策略协同一致，形成一个协调统一的大系统，共同发挥作用。

其二，网络与新媒体广告策划可以使广告活动中的广告调查、广告创意与表现、广告制作与发布、广告效果评估等各个环节协同作用，融为一个有机的整体。正因为每个环节都会对整个广告活动系统产生影响，所以广告主在网络与新媒体广告策划的过程中要遵循整体性原则。

2. 灵活性原则

在数字技术的支持下，网络与新媒体广告的形式多样、流传性广、发布及时。受众不仅可以将广告信息随时保存并在需要时反复阅读，也可以随时咨询广告主，还可以随时将广告信息分享给好友，如图3-5所示。广告主可以根据产品特点灵活选择广告投放时间，甚至可以使其具体到某个时间段。网络与新媒体广告可以覆盖受众视线所能到达的地方，而且不受时间、地点的限制，具有灵活性。因此，网络与新媒体广告策划要体现出网络与新媒体广告的特性，做到反应迅速、灵活多变。

图3-5　灵活性原则

3. 创新性原则

通常来讲，在广告活动的诸多环节中，广告创意是最需要求新、求异的。相对而言，广告策划具有很强的科学性和规范性。在广告策划中，比起创造性思维，广告主更需要严密的逻辑思维。但是，在网络与新媒体环境下，策略与创意的界限逐渐模糊，网络与新媒体广告策划同样需要运用大量的创新思维。

网络与新媒体广告策划的创新性原则要求广告策划人员在广告活动的各个环节都积极探索，大胆创新，使广告在各方面都有独到之处。图3-6所示为vivo推出的全国新写作大赛，受众在作品中可以查看不同年份、不同省份的高考作文题目，有兴趣的受众还可以参加比赛。vivo用"高考"这一热门话题提升了比赛的吸引力，增加了参与的人数。

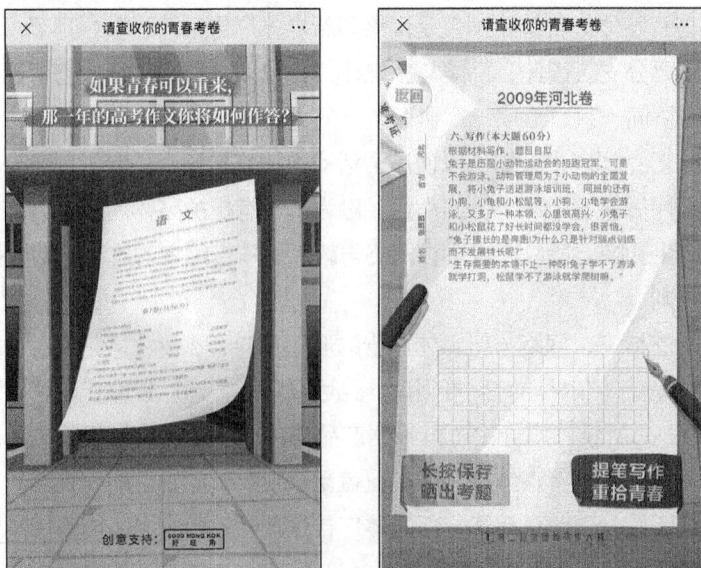

图3-6　创新性原则

4. 目标性原则

策划活动总是围绕着明确的既定目标展开的，网络与新媒体广告策划也是如此。一个企业在其经营过程中，可能会针对各种具体情况同时制订出若干种目标。在企业经营目标的指导下，广告主在开展广告活动之前往往也会制订多个广告目标。

不过，每一次广告活动能够实现的目标是有限的，为了获得更好的广告效果，每一次广告活动最好只制订一到两个目标。那么，作为广告活动运作之前的运筹和谋划活动，网络与新媒体广告策划要明确每一次广告活动的目标，以目标为线索，将广告活动的不同环节连接起来，有针对性地提出战略和具体方针，做到有的放矢，以实现有条不紊的活动安排，从而为网络与新媒体广告活动的顺利开展打下坚实的基础。

5. 互动性原则

网络与新媒体广告最大的特点是互动性强。在网络与新媒体广告传播过程中，广告主与受众之间可以实现即时互动。受众使用计算机、手机、平板电脑等设备看视频、读新闻，可以随时评论、转发或直接进入社区讨论，其互动性是传统媒体所不具备的。受众可以深入网络与新媒体广告中，根据各种交流情景，对自己观看、阅读和使用的东西加以理解、思考和讨论，从而加深对广告的理解。

6. 可操作性原则

广告策划的终极目的是在广告活动的运作过程中进行操作，所以广告策划的每一个具体步骤和方法都必须是可以实际操作的，而不是纸上谈兵。由于网络与新媒体广告的多样性及其存在的诸多不确定因素，网络与新媒体广告策划更要注重可操作性。

网络与新媒体广告策划的可操作性原则要求，广告主首先要明确广告策划必须结合企业实际，也就是说，在企业现实条件下，网络与新媒体广告策划的目标和手段要具有可行性，策划必须对企业负责，而不能脱离企业实际；其次，网络与新媒体广告策划的各个环节都必须是能够实际操作的。广告策划方案是广告活动的总结，其中创意方案、媒介计划与组合策略方案、效果评估方案、预算方案等具体环节都应是具有很强的实用性、可操作性的实施方案。

3.2 网络与新媒体广告策划的内容与流程

广告策划是一个系统化的工作，涉及诸多内容，并且要按照一定的流程来进行。广告策划的内容与流程直接影响着广告活动的效果。

3.2.1 网络与新媒体广告策划的内容

网络与新媒体广告策划形式多样、灵活多变，一般情况下，广告策划人员在进行网络与新媒体广告策划时要准确把握广告目标受众、广告主题和广告媒介。

1. 广告目标受众策划

网络与新媒体广告策划首先要针对目标受众展开。广告主要根据受众的生活习惯、消费行为、消费心理，以及媒介接触行为及其特点等做出具体的战略考虑和策略选择。为了迎合目标受众的消费需求，网络与新媒体广告策划要针对目标受众进行分众传播、聚向传播和窄告传播的定向传播，将广告内容和信息有针对性地、一对一地传送给需要得到信息的受众，引起受众的注意和兴趣，消除他们对广告的抵触心理，提高广告的触达率，最终产生更多的经济效益。

整合营销传播专家唐·E.舒尔茨曾经说过："试图用一个策略去传达给太多的人或向太多的人说话实在是一项风险。试图对一个更广大的市场夸张一项利益，希望借以吸引更多的人士几乎永远是一种错误。"在网络与新媒体环境下，广告传播更加个性化，所以网络与新媒体广告策划更应该先对广告受众的人口因素、生活方式、行为特点、文化因素等方面进行细致、深入的研究，重点分析各类受众的消费方式和消费行为，为广告的精准投放打下基础。

2. 广告主题策划

广告主题是广告作品的中心思想，是广告主试图通过广告向目标受众说明的基本问题。广告主题贯穿于广告之中，使组成广告的各个要素有机地组合成一个完整的广告作品。广告主题要从所宣传的商品、服务、企业和观念中找出能够调动目标受众的兴趣，激发目标受众的欲望，说服目标受众购买，并与其他的商品、服务、企业和观念相区别的理由。网络与新媒体广告主题策划主要根据受众的物质需求和精神需求制订对应的广告诉求重点。为了使受众能更好地接受广告要表达的主题思想，广告主题应具有以下特征。

（1）显著性

广告主题要十分显著，这样才能更好地刺激受众，最大限度地引起受众对广告主题的注意。广告策划的目的就是通过广告引起受众的注意、兴趣、记忆、欲望并使其产生购买行为，让广告的诉求重点成为受众感兴趣的卖点。

（2）趣味性

幽默、有趣的广告主题与互动性传播相结合，能够让受众对广告留下深刻的记忆，如图3-7所示。

图3-7　趣味性

（3）易懂性

通俗易懂、平易近人的广告能够更好地被受众理解和接受，从而将广告的核心信息更准确地传递给受众。

（4）统一性

为了保持广告信息传播的连续性，增强广告的累积效应，使广告信息具有内在的统一性，广告策划人员必须保证广告主题的统一。

（5）创新性

广告主题要以创意为基础，注重创新，帮助客户品牌的广告抵挡住竞品广告的攻势，使广告信息有更好的机会被受众接受，并给受众留下更长久的印象。

3. 广告媒介策划

网络与新媒体环境下的广告媒介策划是将现有的多种媒介进行选择与组合，最大限度地发挥各种媒介的影响力，从而实现广告目标。广告主仅凭借单一媒介向受众传播广告诉求，极易使广告淹没在媒介的相互干扰中，很难引起受众的关注。为了使广告信息更容易被受众注意与记忆，广告主必须根据广告主题进行广告媒介的选择与策划，选择的媒介要和广告目标搭配组合。

首先，每种媒介都有其特定的受众群，不可能覆盖所有的目标对象，所以凭借单一媒介是不能有效锁定所有目标对象的。其次，受众获取消费信息的途径是多样化的，如果广告主只是死守单一媒介，就会失去其他与受众接触的机会。最后，媒介本身具有的不同特性也决定了不同媒介在同一广告活动中扮演着不同的角色，而不同角色之间的相互补充和相互强化能够促成广告信息的有效传递。因此，广告主应综合考虑媒介自身的特性，对媒介进行有机组合式的媒介策划，这是决定广告传播效果的关键一环。

3.2.2 网络与新媒体广告策划的流程

广告策划对网络与新媒体的广告运作非常重要。作为广告活动的系统规划，广告策划必然要依照一定的流程进行。结合广告运作的规律和网络与新媒体的特点，网络与新媒体广告策划一般要遵循以下4个流程。

1. 了解整体营销计划

广告是市场营销的一个组成要素，而广告策划作为整体市场营销的一个组成部分，必须服从企业营销计划。只有在广告与其他营销要素整合的前提下，广告运作才可能有效地配合整体营销运作，从而实现广告运作的目标，帮助企业达成市场营销的目的。

2. 确立广告目标

广告活动的所有环节都是为了实现广告目标，所以确定广告目标是广告策划过程中的关键步骤。广告目标指示着广告运作的具体方向，决定着广告策划如何发展。在网络与新媒体广告策划中，目标市场的选择、广告策略的采用、广告预算的评估等，最终指向都是实现特定的广告目标。

在网络与新媒体广告策划中，广告主一般从两个方面确立广告目标：一是广告营销目标，二是广告传播目标。广告主总是希望广告运作能够实现其营销目标，且任何广告的最终目的都是为了促进产品的销售。但是，广告目标并不完全等于营销目标，广告效果也不完全等于营销效果。

在网络与新媒体传播环境下，传统广告方式已经发生变化，刻板的硬性广告很容易遭到受众的反感甚至拒绝。因此，网络与新媒体广告策划在考虑产品营销目标的基础上，还要实现品牌形象的塑造与传播。图3-8所示为长隆为了增进受众对其品牌的了解而制作的H5广告，旨在推广长隆的游乐项目。这种广告形式轻松、有趣、互动性强，既让受众在愉快的氛围下了解了长隆的游乐项目，又提升了长隆的品牌形象。

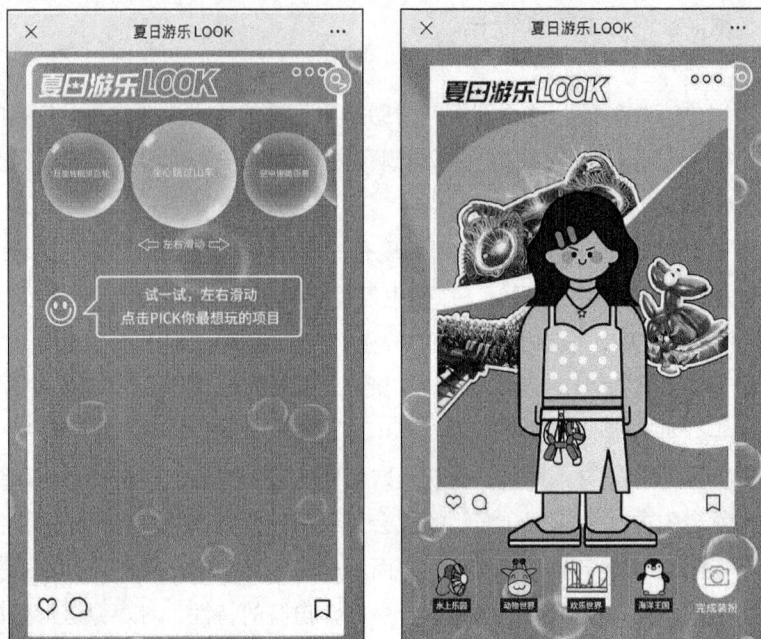

图3-8　长隆为了增进受众对其品牌的了解而制作的H5广告

3. 规划达到广告目标的策略和手段

广告主在确定广告目标之后，就要开始规划为实现这一广告目标而采用的策略和手段，其中包括选择目标受众和细分市场，明确广告诉求、广告表现，制订媒体策略，为配合广告运作而制订促销策略，确定整体广告运作执行的具体日程安排等。在这一阶段，广告主尤其要综合分析广告主题与广告创意等策略是否适应网络与新媒体传播形式，媒介是否能够全面覆盖目标受众，以及网络与新媒体广告发布的时机能否迅速抓住受众的兴趣点等。

简言之，网络与新媒体广告策划在这一阶段的任务就是以恰当的广告内容，在合适的时机，通过适合的传播途径，将广告信息传递给目标受众，从而有效地实现预定的广告目标。

4. 制订广告活动评估方案

事后评估是广告活动中不可缺少的环节，广告主在进行网络与新媒体广告策划之初就应制订广告活动评估方案，这不仅是基于广告活动事后评估的重要性，而且是为了避免在广告活动事后评估时过于随意。

由于网络与新媒体的针对性强，特别是随着大数据的兴起，广告主更容易了解网络与新媒体的受众群体及其兴趣、爱好等，这为网络与新媒体广告的精准投放提供了可能性。因此，广告主开展网络与新媒体广告策划时，要制订广告活动评估方案，重点是要测定广告目标的实现情况。

3.3 网络与新媒体广告策划书的撰写

广告策划在对广告运作过程的每一部分做出分析和评估，并制订相应的实施计划后，最后会形成一个纲领性的总结文件，这就是广告策划书。广告策划书是根据广告策划结果来写的，是提供给广告主审核并需得到广告主认可的广告活动的策略性指导文件。

3.3.1　广告策划书的基本内容

一般而言，广告策划书的内容主要包括以下几个部分。

1. 项目名称拟定及项目概述

广告策划人员要根据广告战略目标或产品特性确定一个容易记忆、便于讨论的项目名称，并用简单的语言描述策划的内容，包括产品的基本情况、广告活动的目标、广告活动具体的表现形式等。

2. 环境分析

广告的策略分析要从环境分析入手，因为环境往往会对企业营销和广告策划产生深远的影响。环境是影响广告活动的重要因素，主要包括经济环境、技术环境、政治环境、人口环境、文化环境、自然环境等，这些因素对广告活动具有制约性和渗透性。

在制订广告战略的过程中，广告策划人员必须关注这些环境变化，并使广告战略创造性地适应动态环境。环境分析的目的在于预测环境中变化的因素对广告战略的影响，寻找企业可以利用的机会，并规避风险。

3. 市场细分和消费者行为分析

消费者是广告信息的接收者，广告策划人员在分析消费者行为之前，应当限定消费者群体的范围，即进行市场细分。确定消费者群体之后，广告策划人员再有针对性地分析消费者行为。分析消费者行为主要是为了解本产品或本品牌消费者的购买习惯和媒介接触偏好。

在市场中锁定消费者通常采用的方法是市场细分法。广告策划人员也可以根据网络中的消费者的相关数据进行深入分析，准确地了解他们的购买习惯、欲购买的产品、购买偏好等信息。例如，在"阿里指数"数据分析平台上输入要查询的关键词，如"连衣裙"，搜索结果中就会出现与这种产品有关的市场趋势分析和市场细分，从网络搜索指数到消费者的地域细分、消费者定位都有详细的数据，这些数据可以帮助广告策划人员锁定目标消费者，了解他们的消费行为。

4. 产品分析和提取诉求点

产品分析是对产品的整体情况进行研究，研究内容包括产品核心利益，产品的名称、包装、外形设计等有形部分，产品的售前服务、售中服务、售后服务等。广告策划人员还要考察产品的生命周期，使广告策略切实地为产品营销服务。最后，广告策划人员还要将产品放置在企业的产品组合中进行综合考虑，明确产品具有的功能和意义。基于这些分析，广告策划人员可以得出产品的核心竞争力和特性，并由此确定广告诉求的核心内容。

5. 竞争分析

任何产品都是归属于某个市场范围的，竞争分析的目的是认清市场格局，了解竞争对手的优势和劣势，寻求个体间的竞争优势。竞争对手有很多种，包括直接竞争对手、间接竞争对手和替代者。在这些市场参与者中，任何一方的战略调整都会引发复杂的变化，从而使市场格局发生改变。直接与竞争对手进行比较是简单、有效的分析方法，目的是了解竞争对手的优势和弱点，以此确定自身的优势和差异点，在竞争关系中取得突破性进展。

6. SWOT分析

在以上分析的基础上，广告策划人员可以进行系统分析，以SWOT的分析模式做一个总结，其目的是确定企业或品牌的优势（Strengths）和劣势（Weaknesses）、机会（Opportunities）和威胁（Threats），并探究以下问题的答案。

（1）在现有的条件下，企业如何发挥自身的优势。

（2）为了应对竞争和环境变化，企业应需要对产品或服务采取哪些调整措施。

（3）结合以上两个问题的答案，企业应采取怎样的广告行动。

7. 制订网络与新媒体广告目标

制订网络与新媒体广告目标是为了明确网络与新媒体广告活动的任务，以及为了保障网络与新媒体广告运作方向而设定的一个工作环节。网络与新媒体广告的目标是指网络与新媒体广告活动的大方向，而网络与新媒体广告目标则是在网络与新媒体广告目的的基础上，以具体的数字来量化说明网络与新媒体广告的目标（如销售量目标、利润率目标等），使广告运作人员能够依据具体的任务，有理、有据、有效地完成广告任务。

8. 制订网络与新媒体广告策略

网络与新媒体广告策略的制订在广告运作过程中是一个承上启下的环节。只有在完成策略分析的基础上，广告策划人员才能进行网络与新媒体广告的创意设计，确定广告活动中的媒体。

在制订网络与新媒体广告策略时，广告策划人员要依据大量的调查和分析结果确定目标消费群体，并考虑采用什么方式接近并影响他们。网络与新媒体广告策略可以为网络与新媒体广告创意设计规划出大致的方向和风格，对网络与新媒体广告活动的进行也具有指导作用，在网络与新媒体广告投放、媒介计划等方面也能具有预判功能。

9. 网络与新媒体广告创意设计

在网络与新媒体广告创意产生之前，广告策划人员要充分了解网络与新媒体广告战略的几个要素。广告策划人员一般需要花费大量的时间去做市场调研，并根据综合情况制订网络与新媒体广告策略。广告创意设计不能天马行空，需要贴合产品的特点。与此同时，网络与新媒体所具有的特殊媒介属性也可以运用到广告创意设计中，包括互动性、分享性等。

10. 媒介选择

作为企业整体广告宣传活动的一部分，网络与新媒体广告要服从企业的整体广告策略，也可以通过线上、线下广告的整合，达到综合传媒的最佳效果。

媒介投放策略要根据产品和媒介的特点进行选择。广告策划人员要了解媒介的性质、风格及其受众群体。如果产品特征与媒介匹配，就能获得事半功倍的传播效果。网络与新媒体广告的形式非常丰富，需要广告主谨慎选择媒介和投放位置。

11. 确定广告预算

广告预算是广告主为了进行广告活动而预先制订的开支计划。广告主寻求的是低成本、高回报，如何利用有限的资金产生最佳的广告效果是贯穿整个广告策划过程的关键问题。广告主在选择网络媒介时，通常会采用多平台、多形式组合宣传，但网络媒介投放呈现出多而杂的特点，且广告效果难以准确衡量。因此，在网络与新媒体广告策划中，如何确定适宜的广告预算，获得性价比最高的广告方案需要广告策划人员科学、合理地进行构思。常见的广告预算方法有销售额百分比法、市场份额法、反映模型法、目标任务法等。

12. 评估

广告效果评估并非只是在整个广告活动结束之后进行，在广告策划过程中，广告主就会对广告预期效果进行评估，这也是广告主最关心的部分。

网络与新媒体广告的设计制作对技术的要求相对较高，由于网络与新媒体广告的形式多样，其开发环境也相对复杂，因此在完成网络与新媒体广告设计之后，广告策划人员还要分别在技术和创意方面对广告进行评估。例如，一个具有交互功能的富媒体网络与新媒体广告能否在所有的浏览器上正常显示？广告的交互效果、声音、动画、影像元素是否能够达到预期的效果？广告能否为消费者带来完美的操作体验感？对于创意方面的评估，广告主可以请一些消费者在广告设计完成后进行浏览，考察广告设计是否符合消费者的喜好，是否能够引起消费者的关注，是否能够激发消费者的购买欲望等。

在广告效果评估环节，广告策划人员需要利用各种评估体系及指标数据对广告效果进行预期评测。在传统广告设计中，评估体系相对完善，权威度较高。而在新媒体环境下，网络媒体的效果测量缺乏统一的评估标准，所以网络与新媒体广告效果评估还需要采用更加科学、合理的方法进行改进。

13. 时间及人员安排

参与该次网络与新媒体广告策划的人员分工安排，以及每个环节的时间安排。

3.3.2 广告策划书模板

广告策划书模板是广告策划书的固定写作格式，体现了广告策划书结构形式的标准化。掌握广告策划书模板的结构并熟练运用，可以帮助广告策划人员更高效地撰写广告策划书。广告策划书模板一般包括前言、广告商品、广告目的、广告期间、广告区域、广告对象、策划构思、广告策略等几个模块。

其中，前言主要阐述广告策划的缘由和背景，广告商品是指要推广的商品，广告目的是指希望通过投放广告而实现的营销目标，广告期间是指投放广告的时间段，广告区域是指广告覆盖的地域范围，广告对象是指广告的目标受众。在广告策划书模板的所有模块中，策划构思和广告策略是重中之重。策划构思可以细分为环境分析、消费者分析、产品分析、竞争分析、广告策略。

1. 环境分析

环境分析包括4个方面，分别是网络与新媒体广告策划环境中的宏观制约因素、微观制约因素，以及网络概况和营销环境分析总结，如表3-1所示。

表3-1　环境分析

环境分析	具体内容
宏观制约因素	（1）宏观经济形势，如总体的经济形势、总体的消费态势、产业的发展政策； （2）政治或法律背景，包括有利或者不利的政治、法律因素等； （3）文化背景，如目标消费群体的文化背景

环境分析	具体内容
微观制约因素	企业的供应商与企业的关系；产品的营销中间商与企业的关系
网络概况	（1）网络的规模，包括网络的销售额、消费者总量、消费者总的购买量等要素在过去一个时期内的变化，未来网络规模的发展趋势等。 （2）网络市场的构成，包括网络市场的主要品牌，各品牌所占据的网络份额，网络上居于主要地位的品牌，与本品牌构成竞争的品牌，未来网络构成的变化趋势等。 （3）网络市场的构成特性，包括网络市场有无季节性、有无暂时性、有无其他突出的特点等
营销环境分析总结	机会与威胁、优势与劣势、主要问题点

2. 消费者分析

消费者分析包括4个方面，分别是消费者的总体消费态势、现有消费者分析、潜在消费者分析和消费者问卷调查，如表3-2所示。

表3-2　消费者分析

消费者分析	具体内容
消费者的总体消费态势	现有的消费时尚、各类消费者的消费行为特性
现有消费者分析	（1）现有消费者群体的构成：总量、年龄、职业、收入、受教育程度、分布。 （2）现有消费者的消费行为：购买的时机、购买的时间、购买的频率、购买的数量、购买的渠道。 （3）现有消费者的态度：对本产品的喜好态度、对本产品的偏好程度、对本品牌的认知程度、对本品牌的忠诚度、使用本产品后的满意程度、使用本产品后未满足的需求
潜在消费者分析	（1）潜在消费者的特性：总量、年龄、职业、收入、受教育程度。 （2）潜在消费者现在的购买行为：现在购买哪些品牌的产品，对这些产品的态度如何，有无新的购买计划，有无可能改变计划购买的品牌。 （3）潜在消费者被本品牌吸引的可能性：潜在消费者对本品牌的态度如何，潜在消费者需求的满足程度如何
消费者问卷调查	机会与威胁、优势与劣势、主要问题点

3. 产品分析

产品分析包括6个方面，分别是产品特征分析、产品生命周期分析、产品的品牌形象分析、消费者对产品形象的认知、产品定位分析和产品分析的总结，如表3-3所示。

表3-3　产品分析

产品分析		具体内容
产品特征分析	产品性能	产品的性能有哪些，产品最突出的性能是什么，产品最满足消费者需求的性能是什么，产品的哪些性能还不能满足消费者的需求
	产品的质量	产品是否属于高质量的产品，消费者对产品质量的满意程度如何，产品的质量是否能够继续保持，产品的质量有无继续提高的可能

产品分析		具体内容
产品特征分析	产品的价格	产品价格在同类产品中的档次，产品价格与产品质量的契合程度，消费者对产品价格的认知
	产品的材质	产品的主要原料，产品在材质上有无特别之处，消费者对产品材质的认识
	生产工艺	产品采用了什么样的工艺生产，在生产工艺上有无特别之处，消费者是否喜欢用这种工艺生产的产品
	产品的外观和包装	产品的外观和包装是否与产品的质量、价格和形象相符，产品在外观和包装上有无欠缺，产品的外观和包装在同类产品中是否醒目，产品的外观和包装对消费者是否具有吸引力，消费者对产品外观和包装的评价如何
	与同类产品的比较	在性能上有何优势，有何不足；在价格上有何优势，有何不足；在材质上有何优势，有何不足；在工艺上有何优势，有何不足；在消费者认知和购买上有何优势，有何不足
产品生命周期分析		产品生命周期的主要标志，产品处于什么样的生命周期，企业对产品生命周期的认知
产品的品牌形象分析		企业对产品形象有无考虑，企业为产品设计的形象如何，企业为产品设计的形象有无不合理之处，企业是否将产品形象向消费者传达
消费者对产品形象的认知		消费者认知的产品形象如何，消费者认知的产品形象与企业设定的产品形象是否符合，消费者对产品形象的预期如何，产品形象在消费者认知方面有无问题
产品定位分析	产品的预期定位	企业对产品的定位有无设想，企业对产品定位的设想如何，企业对产品的定位有无不合理之处，企业是否将产品定位向消费者传达
	消费者对产品定位的认知	消费者认知的产品定位如何，消费者认知的产品定位与企业设定的产品定位是否相符，消费者对产品定位的预期如何，产品定位在消费者认知方面有无问题
	产品定位的效果	产品定位是否达到了预期的效果，产品定位是否为营销带来了困难
产品分析的总结	产品特征	机会与威胁、优势与劣势、主要问题点
	产品生命周期	机会与威胁、优势与劣势、主要问题点
	产品的品牌形象	机会与威胁、优势与劣势、主要问题点
	产品定位	机会与威胁、优势与劣势、主要问题点

4. 竞争分析

竞争分析包括3个方面，分别是企业在竞争中的地位、企业的竞争对手，以及企业与竞争对手的比较，如表3-4所示。

表3-4　竞争分析

竞争分析	具体内容
企业在竞争中的地位	市场占有率、消费者满意度、企业自身的资源和目标

续表

竞争分析	具体内容
企业的竞争对手	主要的竞争对手，竞争对手的基本情况，竞争对手的优势与劣势，竞争对手的策略
企业与竞争对手的比较	机会与威胁、优势与劣势、主要问题点

5. 广告策略

广告策略包括6个方面，分别是广告目标、目标市场策略、广告诉求策略、广告表现策略、广告媒介策略、广告费用预算，如表3-5所示。

表3-5　广告策略

广告策略	具体内容
广告目标	企业提出的目标、根据市场情况可以实现的目标、对广告目标的具体表述
目标市场策略	（1）企业原来面对的市场：市场特性、市场规模。 （2）企业原有市场观点的评价：机会与威胁、优势与劣势、主要问题点、重新进行目标市场策略决策的必要性。 （3）市场细分：市场细分的标准、各个细分市场的特性、各个细分市场的评估、对企业最有价值的细分市场。 （4）企业的目标市场策略：目标市场选择的依据、目标市场选择策略
广告诉求策略	（1）广告的诉求对象：诉求对象的表述、诉求对象的特性与需求。 （2）广告的诉求重点：对诉求对象需求的分析、对所有广告信息的分析、广告诉求重点的表述。 （3）诉求方法策略：诉求方法的表述、诉求方法的依据
广告表现策略	（1）广告主题策略：对广告主题的表述、广告主题的依据。 （2）广告创意策略：广告创意的核心内容、广告创意的说明。 （3）广告表现的其他内容：广告表现的风格、各种媒介的广告表现、广告表现的材质
广告媒介策略	对媒介策略的总体表述、媒介的地域、媒介的类型、媒介的选择、媒介组合策略、广告发布时机策略、广告发布频率策略
广告费用预算	广告策划费用、广告创意设计费用、广告制作费用、广告媒介费用、其他活动所需要的费用、费用总额

【课后习题】

1. 简述网络与新媒体广告策划的特点。
2. 简述网络与新媒体广告策划的基本原则。
3. 简述网络与新媒体广告策划的内容与流程。

第4章 网络与新媒体广告市场分析

学习目标

◆掌握网络与新媒体广告市场调查的内容。

◆掌握网络与新媒体广告市场调查的方法。

◆掌握网络与新媒体广告市场调查方案的撰写。

◆了解网络与新媒体广告受众的群体特征。

◆了解网络与新媒体广告受众的心理特征。

◆了解网络与新媒体广告受众的行为。

一个传统意义的、完整的广告活动包括广告市场分析、广告活动的策划、广告创意的诞生、广告的制作、广告投放和广告效果的评估，各部分环环相扣，缺一不可。其中，广告市场分析既是广告活动的开始，也是广告策划与创意的基础。只有在系统收集有关市场资料的基础上，充分了解目标对象的重要信息，并以此为依据制订广告策划方案才有机会实现营销目标和传播目标。本章将讲解网络与新媒体广告的市场调查与受众分析。

4.1 网络与新媒体广告市场调查

网络与新媒体广告市场调查指的是广告主、广告公司、新媒体的媒介经营者在网络与新媒体广告活动中运用网络和数字技术，系统地收集、整理、分析和解释有关市场、产品、消费者、竞争对手等方面的情报资料，从而为网络与新媒体广告的策划、创意、投放等决策提供可靠的依据，以保证广告活动的科学性。网络与新媒体广告市场调查是网络与新媒体广告活动开展的基础，包括伴随着整个广告活动展开的所有调查活动。

4.1.1 网络与新媒体广告市场调查的内容

在制订网络与新媒体广告策略之前，广告主必须关注并调查市场信息。网络与新媒体广告市场调查的内容如图4-1所示。

图4-1 网络与新媒体广告市场调查的内容

1. 环境信息调查

环境信息调查是围绕企业营销战略对宏观环境变量的调查，包括社会文化环境、政治法律环境、经济环境、技术环境和自然环境等。

2. 品牌与产品信息调查

网络与新媒体广告的目的是塑造品牌形象或推广产品，所以对品牌与产品信息的调查也是网络与新媒体广告市场调查中的重要组成部分。品牌信息调查是对品牌形象、技术形象、企业识别系统等，以及在这些基础上转化的知名度、美誉度等内容的调查。产品信息调查是对产品结构、功能、类别、价格、生命周期等方面的调查，以了解产品是否符合市场的要求和消费者的习惯，为提出广告诉求点和进行广告创意打下坚实的基础。

3. 消费者信息调查

网络与新媒体广告是以消费者为中心的广告，所以消费者信息调查也是网络与新媒体广告中的重要环节。消费者信息包括消费者的需求、偏好、意见、趋势、态度、信仰、兴趣、文化和行为等。

4. 竞争者信息调查

广告主通过对竞争者信息的调查，可以了解市场竞争结构和市场发展趋势，以确定自身在整个市场竞争中所处的地位。竞争者信息调查有助于差别化战略的制订，包括对竞争者网络与新媒体营销策略和广告策略、竞争者的媒介选择、竞争者的网络与新媒体广告投放力度、竞争者的网络与新媒体广告形式、竞争者的网络与新媒体广告效果等信息的调查。

5. 媒介信息调查

媒介信息调查包括对媒介的受众覆盖、曝光次数、触达能力、媒介接触状况、媒介价格、媒介排期标准等方面的信息调查。媒介信息调查可以让广告主更高效、更科学地投放网络与新媒体广告，保证网络与新媒体广告的效果，使网络与新媒体广告投资更加合理化。

4.1.2 网络与新媒体广告市场调查的方法

根据获取信息的途径和来源，网络与新媒体广告市场调查的方法可分为一手资料调查和二手资料调查。

1. 一手资料调查

一手资料调查直接从市场上搜集目标信息，这种方法针对性强，解决问题的效果好，但是过程复杂，时间成本也较高。

一手资料调查的方式有很多，但大致可以分为定性调查和定量调查。

（1）定性调查

定性调查是指运用非量化的方式来看待与分析问题的调查方式，以揭示因果关系为主要目的，对样本数量的要求不高，通常采用小组访谈、深度访谈的方式进行。

网络与新媒体广告的定性调查虽然使用并不广泛，但往往也能取得较高质量的数据和信息。具体来说，网络与新媒体定性调查的方法主要有以下两种。

① "一对一"的深层访谈

与传统"一对一"的深层访谈类似，网络与新媒体定性调查"一对一"的深层访谈不采用问卷的形式，而是采用非结构式或半结构式的方式，事先准备好访谈提要，根据实际情况选择提问的顺序和方式，与受访者进行深入的探讨。

与传统"一对一"深层访谈的差别在于，网络与新媒体定性调查"一对一"的深层访谈的实现方式从面对面转到了借助电子邮件、即时通信工具进行的网络访谈上，可以不受空间与时间的限制。而且由于不必与调查者面对面，甚至可以采取匿名的方式，一些私密性、敏感性话题的访谈会更容易进行。

② 焦点小组访谈

焦点小组访谈是由6~8位被调查者组成小组，在主持人的引导下围绕中心问题，通过聊天室、即时通信工具等搭建的交流平台进行自由访谈的调查方法。网络与新媒体环境下的焦点小组访谈可以分为实时和非实时两种方式。其中，实时的焦点小组访谈因为是同步进行的，受访者实时参加讨论，互相之间的交流都是即时公开的，所以具有互动性强、速度快等特点。实时的焦点小组访谈是一个不断揭露受访者内心、不断深入的过程，其核心要点是互动性，包括访问者与受访者之间的互动性及受访者之间的互动性。

（2）定量调查

定量调查是指用量化、数字化的方式来分析和说明问题的调查方式，通过抽样调查和结构化的数据收集，获得对关键问题的最初理解。

网络与新媒体广告市场调查中的定量调查主要采用以下几种收集数据的方法。

① 网站问卷法

网站问卷法是指将问卷直接放在网站上，受访者在访问网站时主动填写问卷。网站问卷法的一般操作方式是通过各种沟通工具（如电子邮件、即时通信工具等）将问卷所在的网页链接发给目标受访者，受访者可以根据自己的实际情况决定是否参与调查，所以这是一种充分尊重目标受访者主动性的调查方法。

当然，网络的开放性可能使一部分受访者随机浏览到问卷所在的页面，而由于他们不是之前设定的目标受访者，不是通过接受邀请的方式接触的调查，所以样本的代表性很可能不够充分，这就需要在后期进行样本检验。

② 电子邮件问卷调查法

电子邮件问卷调查法类似于传统的邮寄问卷调查法，触达面大，控制方便。但由于这种方法采用电子邮件的形式来做问卷，所以问卷设计可能不够灵活，较难实现页面跳转和图片插入等，再加上受访者注意力的碎片化特征，所以不太适合设置过多的调查内容。

③ 弹出式问卷法

在用户访问网站、使用各种新媒体的服务和应用时，这些网站或应用经常会弹出窗口或页面，邀请用户参与调查，用户可以根据自己的实际情况选择是否参与调查。弹出式问卷法无法在前期对样本进行较为严格的筛选，所以比较适合对某网站的用户情况、某服务应用的使用情况和使用体验进行调查，调查内容较少，调查范围比较小，调查的适用性不够广泛。

④ 数据库法

在网络与新媒体环境下，数据的存储和运算能力大大提升，数据的利用价值日益凸显。采用数据库法可以在很大程度上实现对海量样本的调查，这是大数据时代广告调查的重要发展趋势。数据库法的实现方式是在对数据进行调查分析的基础上实现调查的目的。例如，尿不湿与啤酒同时出现在同一个购物篮的事实，便是沃尔玛提取消费者购物篮中的购物数据建立数据库，再对数据库进行考察，利用数据的挖掘技术发现的。

在实际的网络与新媒体广告市场调查中，定性调查与定量调查都可能被使用，而且在一定的状况下，两种方式可以并用，各自发挥优势，从而使广告主获得更为精准的调查结论。

2. 二手资料调查

二手资料调查是根据已搜集或已公布的信息中进行调查，这种方法方便、快捷，但在目的指向上未必适用，可能会出现代表性不够广泛、信息之间缺乏联系等问题。

4.1.3 网络与新媒体广告市场调查方案的撰写

网络与新媒体广告市场调查方案一般由标题、目录、概述、正文、结论与建议、附件等部分组成。

1. 标题

标题和调查日期、委托方、调查方一般都打印在扉页上，同时应把调查单位、调查内容明确而具体地表示出来。有的调查方案还采用正、副标题的形式，一般用正标题表达调查的主题，用副标题具体表明调查的单位和问题。

2. 目录

如果网络与新媒体广告市场调查方案的内容、页数较多，为了方便阅读，广告调查人员可以使用目录或索引的形式列出方案所包括的主要章节和附录，并注明标题、有关章节的序号和页码。一般来说，目录的篇幅不宜超过1页，举例如下所示。

（1）调查设计与组织实施

（2）调查对象构成情况简介

（3）调查的主要统计结果简介

（4）综合分析

（5）数据资料汇总表

（6）附录

3. 概述

概述主要阐述方案的基本情况，按照市场调查方案的顺序展开问题，并阐述对调查的原始资料进行选择、评价、做出结论、提出建议的原则等。概述主要包括以下3方面内容。

（1）简要说明调查目的，即简要地说明调查的由来和委托调查的原因。

（2）简要介绍调查对象和调查内容，包括调查时间、地点、对象、范围、调查要点及所要解答的问题。

（3）简要介绍调查研究的方法。这有助于确保调查结果的可靠性，所以广告调查人员对所用方法要进行简短叙述，并说明选用某些方法的原因。例如，是用抽样调查法还是典型调查法，是用实地调查法还是文案调查法。如果部分内容很多，应有详细的工作技术报告加以说明补充，作为市场调查方案的附件。

4. 正文

正文是网络与新媒体广告市场调查方案的主体部分，这部分内容必须准确地阐述全部相关论据，包括提出的问题、引出的结论、论证的全部过程、分析研究问题的方法，还要有可供市场活动决策者进行独立思考的全部调查结果和必要的市场信息，以及对这些情况和内容的分析与评论。

5. 结论与建议

结论与建议总结正文部分的主要内容，提出利用已证明为有效的措施和解决某一具体问题可供选择的方案与建议。结论和建议与正文部分的论述要紧密对应，不要提出无证据的结论，也不要进行没有结论性意见的论证。

6. 附件

附件是指网络与新媒体广告市场调查方案正文包含不了或没有提及，但与正文有关、必须附加说明的部分，它是对正文方案的补充或是更详尽的说明，包括数据汇总表及原始资料、背景资料和必要的工作技术报告，如为调查选定样本的有关细节资料及调查期间所使用的文件副本等。

4.2　网络与新媒体广告受众分析

广告主要想让传播诉求达到预期效果，就必须尊重受众的主体性。当今社会，人们已经广泛认可"以受众为中心"的传播观念，所以研究广告受众的特点是广告主必不可少的工作。要想增强广告的传播效果，广告策划人员就必须分析广告受众的群体特征、心理特征和行为特征，这样才能有的放矢地做好广告策划，实现广告传播目标。

4.2.1　网络与新媒体广告受众的群体特征

网络与新媒体环境下的广告受众群体特征与传统广告受众的群体特征相比，既有重合的部分，又有新的延伸。网络与新媒体广告受众的群体特征如下。

1. 受众价值提升

网络与新媒体广告的一大特点是受众导向的互动性。换言之，网络与新媒体环境下的受众不再局限于"被动的信息接收者"这样固定的角色，在实际的广告活动中，他们不只是简单地与广告主进行互动，而更喜欢参与内容的生产，甚至担负起创造品牌价值和媒体价值的重任。用户生成内容（User Generated Content，UGC）和用户生成媒体（User Generated Media，UGM）的概念便在这样的环境中应运而生。

UGC最早源于互联网视频领域，指的是用户将自己原创的视频内容上传到互联网视频分享平台进行分享，改变了过去内容必须由专业人员生成的状况。后来，UGC不再局限于视频领域，还延伸到照片分享、知识分享等领域，如今已发展成为一个描述用户使用互联网方式的概念。这本身也意味着创作门槛的降低，新的生产理念、新的传播方式等都为用户更深、更广地参与到内容的生产中提供了便利的条件，甚至很多网站、应用或服务完全由用户来贡献内容。

例如，百度百科便是一个依靠用户共同协作的超文本系统，它降低了准入门槛，把内容制作和编辑的权利让位于用户，最大化地集合了用户的力量来收集并分享某一领域的相关知识。在百度百科上，用户不仅可以浏览词条，还拥有创建词条、编辑词条等权利，如图4-2所示。

图4-2　百度百科

UGC的概念在广告活动中也屡见不鲜。例如，一汽马自达推出了品牌MV——《走自己的路》，这支MV取材于3000多个粉丝真情流露的故事，通过征集用户故事，直接与用户对话，建立与用户心与心的沟通。"用户诉说，品牌倾听"——用户提供故事，品牌将故事拍摄成MV，将品牌主张与用户UGC完美融合并带入生活场景中，让精神和产品伴随着用户前行，让品牌理念成为用户实现梦想的路上不可缺少的一部分。

MV上线后，播放量在1周内就突破了1000万。从这个层面来说，这一由UGC故事包装而成的MV取得成功也就不难理解了。

注重发自内心的对话，同样也注重互动性的交流，一汽马自达配合MV上线同步推出了线上H5——《走自己的路，你永远独一无二》，如图4-3所示。该H5采用细腻、流畅的文字阐述，配合感人动听的音乐，一上线就引发了用户的自传播，上线期间更是轻松拿下了超百万的页面浏览量（Page View，PV）。

图4-3 《走自己的路，你永远独一无二》H5

UGM是指用户能够创造媒体的价值，也可以理解为用户创造媒体的影响力。因为用户在不断创造内容的同时，也在为媒体不断地提供可传播的内容。用户创造的内容越有感染力，传播力就越强，就会有更多的用户被吸引到内容的创作中，更多的用户依靠传播平台实现内容的传播，媒体的影响力也就在这个过程中得以提升，所以UGM的概念更加强调用户对于媒体的价值与作用。

无论是UGC还是UGM，无论是创作内容还是创造媒体价值，实现这一切的基础都是网络与新媒体环境下的用户。对于网络与新媒体广告来说亦是如此，所以广告用户的价值不容忽视。

2. 兴趣、需求多元化

由于碎片化引起分众化，人与人之间的差异越来越大。当然，这种差异不仅仅是基于传统的人口统计学特征，还是在兴趣爱好、生活观念等方面的比较。过去的受众或许只要一份报纸、一个电视台，看某个评论，听一种声音便能满足自身对信息的大部分需求；而如今的受众对信息的需求要通过看多方评论、听多种声音才能得到满足。网络与新媒体恰巧能够满足受众的这种多元化需求，其内容不仅种类多、形式全，还允许差异存在。

目前，受众对互联网应用的使用相当广泛，既可以通过搜索引擎获取信息，也可以通过网络购物、团购、网上支付、互联网理财、旅行预订等应用进行商务贸易；既可以通过即时通信软件、博客/个人空间、微博、社交网站等应用进行交流沟通，也可以通过网络视频、网络音乐、网络游戏、网络文学等应用娱乐消遣。每个受众在使用互联网应用时都有很大的选择空间，都会从自身的需求出发，选择合适的应用。

从另一个角度看，受众也不再只是关注一两个互联网应用，各种垂直类网站及互联网服务应用的诞生，使每个受众面对的互联网服务数量增多，受众的注意力也由此逐步分流。正是广告受众在兴趣上的多元化和差异化，促使网络与新媒体广告正视受众个性化的需求，并追求对受众个性化需求的满足。

3. 认知鸿沟化

数字鸿沟是指在不同国家、地区、行业、人群之间，对信息和通信技术应用程度的不同造成的在信息获取方面的不均衡现象。数字鸿沟体现了当代信息和通信技术领域中存在的差距，这种差距既存在于信息和通信技术的开发领域，也存在于信息和通信技术的应用领域，特别是由网络技术产生的差距。

其实鸿沟并不只是存在于信息工具的拥有者和非拥有者之间，确切地说应该是存在于信息富有者与信息贫困者之间。换言之，虽然互联网的普及率逐年提升，互联网的门槛逐年降低，但信息富有者和信息贫困者的两极分化依然严重。除了互联网的使用者和非使用者在信息获取能力上存在差别外，互联网使用者也衍生出两种极端，其根本原因是互联网使用者对互联网的认知和使用存在差异。互联网使用者的文化水平、技术水平、使用方法、使用理念、使用状态、使用态度等都会引起信息识别、信息处理等方面的差别，从而影响信息的获取。

网络与新媒体广告是以数字技术、网络技术为基础的，受众理解网络与新媒体广告信息除了要拥有必要的广告解读能力以外，还要有数字技术、网络技术等知识的储备。特别是一些互动性强的网络与新媒体广告，并不是受众愿意参与、愿意反馈就可以顺利完成互动的，技术认知能力上的差距也会影响互动的效果。因此，在把握网络与新媒体广告受众时，广告策划人员一定要充分考虑受众认知鸿沟的存在。

4.2.2 网络与新媒体广告受众的心理特征

网络与新媒体广告受众的心理特征主要体现在主体意识、娱乐性和猎奇心理3个方面。

1. 主体意识

主体意识即自我意识，是人对自身的主体地位、主体能力和主体价值的一种自觉意识，是人之所以具有主观能动性的重要依据。自主意识和自由意识是主体意识的重要内容。在开放、互动的网络与新媒体环境下，自主意识表现为对权威的不盲从，参与意识的提升，以及传播活动主体与客体的模糊；而自由意识更多地表现为人在表达主体意识时，在信息的呈现内容和方式、信息渠道的设置、如何确定倾听和互动的受众等方面有了更多的选择机会。UGC和UGM

都提升了受众的价值，这与网络与新媒体环境下受众主体意识的觉醒和提升有着密不可分的关系。

网络与新媒体广告已经有了很多最先由受众驱动的品牌传播案例，这些案例无一例外都指向受众主体意识在品牌传播、广告传播中的重要作用。网络与新媒体广告呈现出越来越多的互动特性，要求受众积极地就广告信息和其他受众进行沟通，让广告主更清晰地了解受众的喜好和需求。因此，广告主要既充分又合理地运用受众的主体意识，以帮助广告传播顺利地展开。

2. 娱乐性

传统媒体平台上的广告要服务于大众，所以很少有个性化的成分，呆板、枯燥的模式使受众对广告的接受度一降再降。而网络与新媒体广告擅长与受众进行互动，在这个互动过程中，受众对信息的价值取向呈现出明显的发散性，更偏好轻松、愉快的信息，甚至有过度娱乐化的倾向。

受众在有更多挑选机会与挑选空间的条件下，已经明确了自身的喜好和需求，这提醒着广告主：娱乐化信息和娱乐式互动沟通左右着受众对广告的接受程度及广告信息的二次传播。

图4-4所示为小红书7周年品牌宣传H5，它以"我的七年相册"为主题，展示了7年中的"变"与"不变"，并让受众结合自己的生活进行互动。这种互动式、娱乐式的沟通形式进一步加深了用户对品牌的印象。

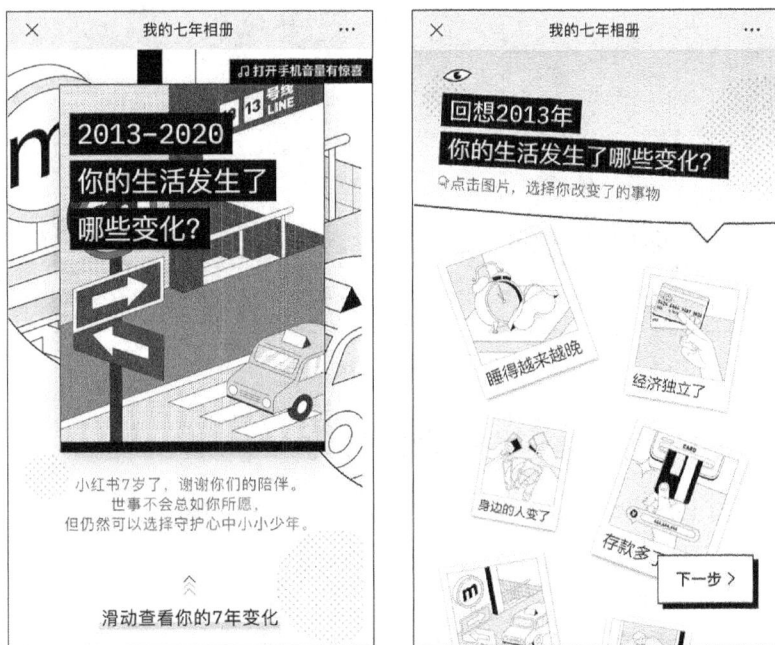

图4-4 小红书7周年品牌宣传H5

当然，广告主还要充分考虑广告娱乐化的两面性，使广告信息呈现出适度的娱乐性即可，这样才能既满足受众的娱乐需求，又保证网络与新媒体广告的健康发展。

3. 猎奇心理

网络与新媒体环境下存在海量的信息，而受众的注意力又逐渐分流，这主要表现在受众对媒体的忠诚度以及对信息的浏览方式上。有数据表明，受众在上网时平均要打开8个窗口，而每个窗口的平均浏览时间只有25秒。再加上信息的同质化问题越来越严重，广告主要想在海量的信息中吸引受众的关注，就一定要把握住受众的猎奇心理。

受众的猎奇心理主要表现在对新鲜事物或信息的需求，以及对传播方式个性化的关注上。例如，近几年刮起了盲盒风，盲盒在年轻人中间非常流行。盲盒，顾名思义，就是看不见所含东西的盒子。一般来说，每一种盲盒都会成系列地分季节售卖，每个系列都会有多种不同的款式。例如，美妆盲盒将美妆产品以盲盒的形式进行售卖（主要以月订的形式），其受众多为年轻女性。订阅的受众每个月能够获得价值盲盒本身价格数倍的美妆产品，但是收到盒子前却不知道盒中的东西。商家洞察到了当代年轻女性愿意尝试新鲜事物（尤其是化妆品）的心理及对未知事物的猎奇心理，将两者相结合——这种福袋式的盲盒让订阅受众每个月都多了一份惊喜与期待。

另外，美妆盲盒中常常会有一些品牌的试用装，在一次次的开箱中，受众能够不断尝试新的品牌，并从中找到真正适合自己的产品，这也正是盲盒能够真正留住受众而不是徒有噱头的核心所在，如图4-5所示。

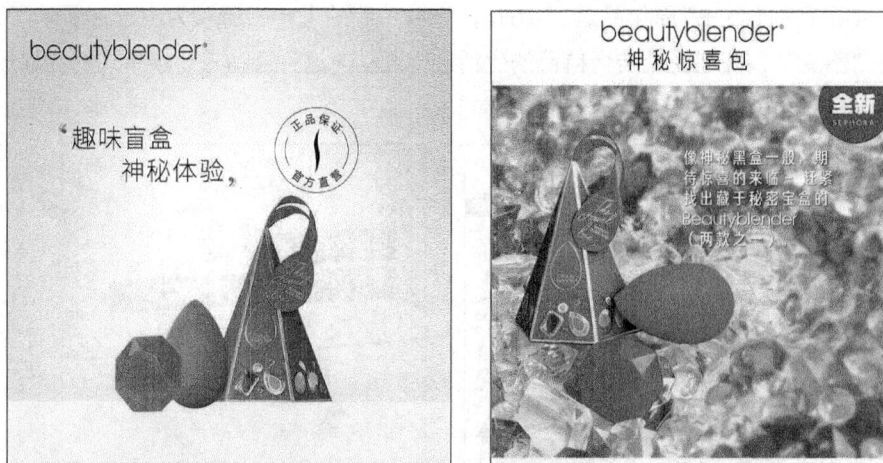

图4-5　盲盒

4.2.3　网络与新媒体广告受众的行为

网络与新媒体广告受众的行为分为受众的媒介接触行为、受众的广告接受行为、受众的广告回避行为。

1. 受众的媒介接触行为

广告主如果想通过网络与新媒体广告说服、影响、改变受众，就必须先使受众和网络与新媒体广告产生联系，也就是先使受众接触媒介。受众接触媒介的行为，即受众的媒介接触行为，它是网络与新媒体广告引发受众行为的首要环节。

广告主通常会用媒介接触率来考查受众的媒介接触程度，而所谓的媒介接触率指的是每天花一定时间接触某一类媒介的人数占总体样本之比。在新媒体的冲击下，我国的新媒体受众表现出多屏接触的习惯。这就意味着受众只对一种媒介感兴趣、只依赖于一种媒介的状况变少了，依赖不同的媒介接触信息成为大部分受众的选择。

除了媒介接触率外，广告主还可以通过考查受众的媒体接触时间来把握用户的媒介使用黏性。受众的媒介接触时间能够比媒介接触率更有效地反映受众的媒介依赖程度。目前，受众对网络与新媒体的依赖程度已经超过了电视，这说明网络与新媒体慢慢改变了受众的信息接收习惯。

2. 受众的广告接受行为

受众在接触媒介后，就有可能接触到被曝光的广告信息，一旦他们对接触的广告信息产生兴趣，接下来的一系列行为（如搜索行为、对广告信息的二次传播行为、消费行为等）都属于受众接受广告的表现，即受众的广告接受行为。

（1）搜索行为

网络与新媒体环境下的受众在接触广告信息后，如果想进一步了解广告信息，不会再被动地等着接收信息，而是会积极、主动地寻找信息，即通过搜索引擎、品牌官网、各种垂直型网站、社会化网站、购物网站站内搜索等方式来搜索诉求信息。受众除了关注诉求信息本身以外，还看中搜索到的信息的来源。因此，现在的网络与新媒体广告受众的搜索行为并不是一个单一的结果式行为，而是一个闭合的过程式行为，如图4-6所示。

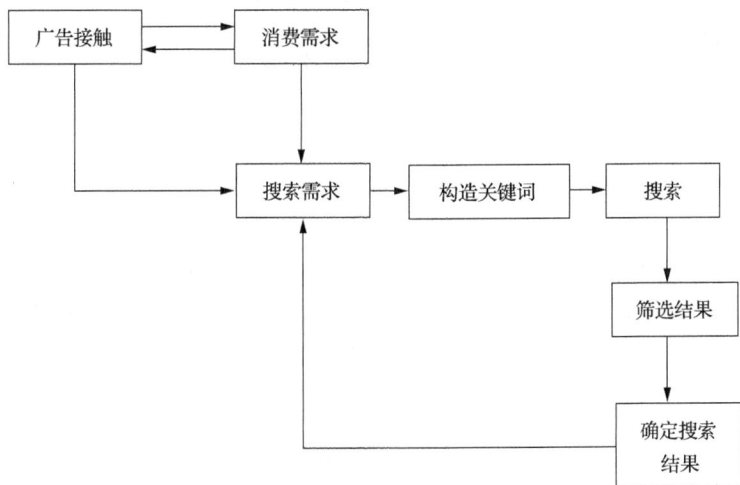

图4-6　网络与新媒体广告受众的搜索过程

在网络与新媒体环境下，受众搜索需求的产生既可能因为受众存在于消费世界中，本身就存在消费需求，也有可能因为通过接触广告直接刺激产生消费需求，这两种情况都产生了最原始的对诉求信息的搜索动力。接下来，受众要围绕诉求信息构造合适的搜索关键词，输入关键词后进行搜索，然后筛选搜索结果页面中成列的众多信息，从中确定满足需求的搜索结果。

当然，这个过程不一定非常顺利，很多时候无法通过一次搜索就找到满意的结果。当对搜索呈现的结果不满意时，受众就会重新产生搜索需求，重新构造搜索关键词，再进行新一轮的搜索行为，直到获得满意的结果为止。

实际中的搜索行为可能更复杂，一是因为搜索平台越来越趋向多样化，二是个体需求在不同阶段可能有不同的目的，搜索过程将因此循环往复。受众在搜索平台的选择上并不是唯一的，常常会出于比较或验证的搜索目的，而采取多种平台并用的搜索方式。

如果把图4-6的搜索环节展开来说，就是"品牌搜索→产品搜索→比较搜索→验证搜索"这样一个不断缩小范围的过程。其中，品牌搜索和产品搜索普遍是基于搜索引擎或品牌网站来实现的，而比较搜索和验证搜索则大多通过社会化媒体、购物网站站内搜索来实现。搜索经验越丰富的受众，越会搜集不同平台上得来的信息并对其加以综合考量和分析，以确定搜索结果的实用性。

由于网络与新媒体技术的不断发展，网络与新媒体的使用范围不断扩大，深刻地影响了受众的搜索行为。目前，网络与新媒体广告受众搜索行为呈现出以下新趋势。

第一，搜索的移动化。中国互联网络信息中心发布的《2019年中国网民搜索引擎使用情况研究报告》中提到，截至2019年6月，我国搜索引擎用户规模达6.95亿人，97.1%的搜索引擎用户通过手机使用该服务，而通过台式电脑或笔记本电脑使用该服务的用户比例仅为65.0%。目前，手机移动端的搜索行为已经广泛普及，搜索行为的移动化与受众对媒介的选择以及移动广告的发展有着密不可分的关系。

第二，搜索方式上以文本搜索为主，语音搜索为辅。除了普通的文本搜索方式以外，语音搜索也开始慢慢被受众所接受。从目前的多种应用程序特别是移动终端应用程序大范围支持语音搜索的情况来看，语音搜索作为辅助文本搜索的搜索方式一定有其存在的必要。未来，语音搜索的发展空间十分广阔。

（2）对广告信息的二次传播行为

受众对广告信息的二次传播行为指的是在广告信息的传播过程中，广告受众在接收广告信息后会再次向其他受众传播广告信息的行为。因此，广告受众和广告传播者的界限不再那么分明。一个广告可能会经历广告传播者的传播以及广告受众的二次传播，获得的广告效果也会是两次传播效果的总和。因此，对广告信息的二次传播是任何一个广告主都希望能引发的受众行为。

广告受众对广告信息的二次传播行为，在新媒体即时性、互动性、分享便捷性等多种优势的支持下变得更容易产生。在网络与新媒体环境下，广告受众对广告信息的二次传播行为具有以下特征。

第一，无强制性的受众自主行为。接收广告后，一部分受众愿意将广告信息分享、转发给别的受众，这就实现了广告信息的二次传播。在这个过程中，广告主无法干预受众的行为，受众是自主、自发、免费地参与信息传播的。

第二，广告信息能够引发受众进行二次传播的关键在于其对受众的感染力。在一次传播中，广告信息的感染力就已经展现出来，感染力强的广告信息会立马抓住受众，引发二次传播。具有感染力的广告信息是那些有价值的、有意思的、让受众产生兴趣的，以及能够引发受众进行互动参与的信息。这里所说的互动参与表现在对广告信息本源进行再创作，在网络与新媒体环境下，参与的便利性与低门槛使广告受众有了二次传播的热情。

第三，二次传播一定是在一次传播的内部产生的。进行二次传播的广告受众一定来源于一次传播中的广告受众，而且一定不会是全部的受众，而是部分的受众。二次传播行为代表着受众对广告的接受，接受程度越高，其形成的二次传播效果就越好。

第四，二次传播引发的效果很有可能呈几何级增长趋势。虽然只有一部分受众会进行二次传播，但每个广告都有一部分目标受众，特别是在微信、微博等自媒体平台盛行的环境中，广告信息经广告受众的二次传播后很容易被目标受众捕获。这种"多对多"的传播方式使传播面被瞬间打开，极大地增强了二次传播引发的效果。图4-7所示为微博广告的二次传播。

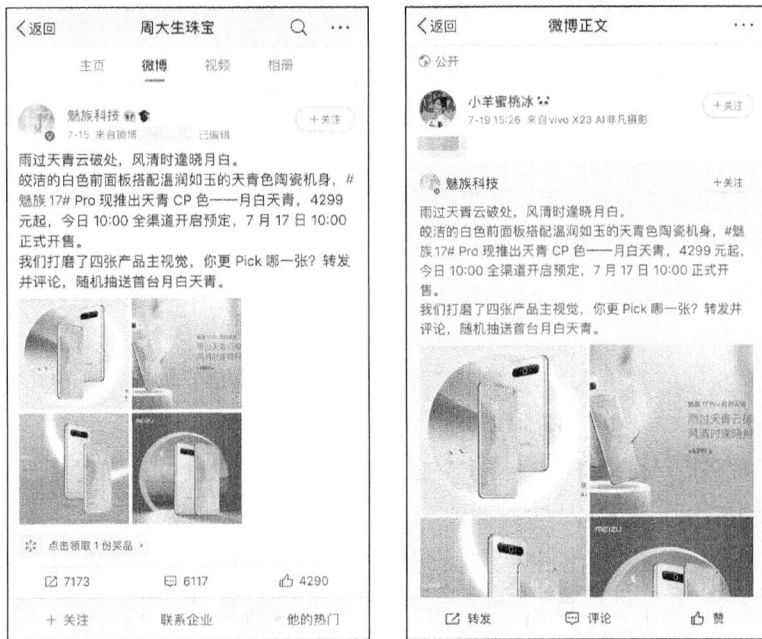

图4-7 微博广告的二次传播

（3）消费行为

广告受众的消费行为并不只是购买这一简单的行动，完整意义上的消费行为包括购买前、购买中、购买后各个阶段的行为。广告受众的消费行为并不是一成不变的，其在不同的媒介环境中会经历不同的变化，大致分为3个阶段。

① 传统媒介下的消费行为模式是广告学家E.S.刘易斯在1898年提出的AIDMA法则，即由传统广告、活动、促销等营销手段驱动消费者注意商品，并产生兴趣，然后产生购买欲望，形成记忆，最后做出购买行动。

② 在AIDMA消费行为模式的基础上，电通公司提出了AISAS模式，如图4-8所示。

Attention 引起注意 → Interest 产生兴趣 → Search 搜集信息 → Action 促成行动 → Share 信息分享

图4-8 AISAS模式

AISAS模式强调用户在注意商品并产生兴趣之后的信息搜集，以及产生购买行动之后的信息分享。由于信息搜集和信息分享两个环节的实现需要互联网的支持，所以AISAS模式被认为是网络时代的消费行为模式。但从根本上来讲，AISAS模式还是由广告驱动的线性的、单向的消费行为模式。

③ 这一阶段很多消费需求的产生都是由用户体验驱动的，随着互联网的普及和渗透，互

联网的影响力逐渐变大。在这样的环境下，传统的广告推送模式转变为以交互的方式影响受众，而且这种交互是基于实时感知、多点双向、对话连接的，于是DCCI（互联网数据中心）顺势提出了SICAS模型。

概括来说，SICAS模型是一个全景模型，受众行为、消费轨迹在这样一个生态里是多维互动的过程，而非单向递进过程。SICAS模型描述的是品牌和受众相互感知（Sense），产生兴趣并形成互动（Interest & Interactive），建立联系并交互沟通（Connect & Communicate），产生购买行为（Action），体验与分享（Share）的过程。

这是基于受众关系网络，基于位置服务，受众与好友、受众与企业相互连接的实时对话。受众不仅可以通过社会化关系网络和分布在全网的触点主动获取信息，还可以作为消费源、发布信息的主体，与更多的好友共同体验和分享。企业也可以通过技术手段在全网范围内感知用户，响应需求。消费信息的获得甚至不再是一个主动搜索的过程，而是"关系匹配→兴趣耦合→应需而来"的过程。

在新媒体时代，广告的生态环境在变革，广告观念在变革，广告受众的消费行为也在变革。虽然SICAS模型不一定能够描述所有广告受众的消费行为，但它确实能较准确地反映以数字和网络技术为基础、体现即时交互特点的新媒体时代广告受众的典型消费行为。

3. 受众的广告回避行为

随着信息杂乱化和媒介碎片化现象的日益加剧，特别是在网络与新媒体环境下，受众每天都会接触到大量的广告，受众慢慢开始过滤信息，通过多种方式来回避自己不感兴趣的广告信息。一旦发生受众回避广告的行为，广告公司就无法通过提供信息来实现广告主所追求的广告目的。

早在20世纪60年代，有人就已经开始研究媒介用户广告回避，但始终是围绕着传统媒介来展开的，且多数主题基本集中于对电视观看行为的研究。直到20世纪90年代，广告回避的概念作为独立的研究体系才开始受到关注。1997年，研究者在对报纸、杂志、广播、电视四大传统媒体的研究中，概括了广告回避行为是包括媒介用户不同程度地减少广告内容接触的所有行为，同时还确定了广告回避的3种形式，即身体回避、认知回避和机械回避，如表4-1所示。

表4-1　广告回避的3种形式

形式	具体内容
身体回避	广告出现时，媒介用户不接触广告，代之以别的行动，这就从源头上剥夺了广告曝光的机会，如播放电视广告时观众起身离开，或者与他人聊天、看杂志等
认知回避	广告出现时，媒介用户无视广告，不把注意力放在广告上，例如，观众边看电视边做杂事
机械回避	广告出现时，媒介用户通过技术手段回避广告，例如，运用遥控器等进行换台，或者在数字电视点播状况下按"快进键"等

随着网络与新媒体广告的出现，广告回避现在已经不再局限于传统的四大媒体，对广告回避的研究也慢慢成为网络与新媒体广告研究的一个重要分支。研究者验证了网络与新媒体广告

回避行为的存在，并将网络与新媒体广告回避分为认知、情感和行为上的3种回避反应类型。与此同时，研究者还总结了导致出现广告回避行为的影响因素，即感知目标妨碍、感知广告混乱、过去的负面经验，如表4-2所示。

表4-2　导致出现广告回避行为的影响因素

影响因素	具体分析
感知目标妨碍	当网络与新媒体广告的出现妨碍用户正常使用网络与新媒体时，用户就会立即关闭或删除广告信息，以彻底地回避广告
感知广告混乱	用户感知到网络与新媒体广告过多或者否认广告媒介特性时，会区分不同的网络与新媒体广告，并回避那些与其无关或者不感兴趣的广告
过去的负面经验	用户在过往接触网络与新媒体广告过程中积累的一些诸如虚假、诱导、过分夸张、错误指向等负面经验，表现为引起情绪上的不满和缺乏激励及效用

一旦把握了这些影响网络与新媒体广告受众回避行为的因素，广告主就可以有效地减少受众的广告回避行为，以保证网络与新媒体广告的传播效果。

【课后习题】

1．简述网络与新媒体广告市场调查的内容。

2．简述网络与新媒体广告市场调查的方法。

3．简述网络与新媒体广告受众的群体特征。

4．简述网络与新媒体广告受众的行为。

第5章 网络与新媒体广告策略

广告策略是指广告主在广告信息传播过程中为实现广告策略目标所采取的对策及应用的方法和手段。随着网络技术的快速发展，广告行业的发展获得了巨大的推动力，而新媒体的产生、发展与成熟对广告策略提出了更高的要求。

5.1 网络与新媒体广告策略概述

广告策略是广告主在宏观上对广告决策的把握，以战略眼光为企业的长远利益考虑，为产品开拓市场着想，其目的是提高广告的宣传效果，使企业以最低的成本达到最好的营销目标。确定广告策略是广告策划中至关重要的起步环节，也是为整个广告活动定性的一个环节。

5.1.1 广告策略的特征

无论是在网络与新媒体环境下，还是传统媒体条件下，广告策略都具有以下特征。

1. 广告策略具有指导性和方向性

广告策略是企业广告策划的核心，一经确定，就对广告策划、广告创意、广告作品设计和制作等具有指导意义。广告策略规定了整个广告活动发展的方向，它是实现广告目标的核心机制，直接制约着广告主和广告公司在特定的目标条件下的行为。

2. 广告策略具有科学性和创造性

广告宣传成功的关键是要有科学性、创造性的广告策略，这也是整个市场战略获得成功的关键。广告策略不是市场营销战略的简单翻版，而是在市场营销战略的指导下对其进行创造性的发展。它的形成是一个创造性的过程，因市场条件和营销目的不同而有所差异，是一个具体、可执行的战略。

3. 广告策略具有全局性和长期性

广告策略并不是一时心血来潮、突发奇想的权宜之计，而是在周密的市场调研的基础上，从企业的发展全局出发，为企业的长期发展考虑，审时度势、精心谋划、制订出来的，它与一般性策略的不同之处就在于它具有鲜明的全局性和长期性。

4. 广告策略具有抗衡性和协调性

广告策略作为市场竞争的一种谋略，通常是依据某一具体的营销目标、某一特定的竞争形势，或者某一特定的竞争对手而制订的。因此，广告策略的制订必须考虑到与竞争对手在市场上的抗衡问题，同时还要从长远发展的角度和全局的高度协调好广告策略与各个社会环境因素、传播环境因素的关系，协调好全局与局部的关系、战略与战术的关系等。

5.1.2 网络与新媒体广告策略的类型

在制订网络与新媒体广告策略之前，广告主应先了解广告策略的类型。根据不同的标准，可以将广告策略划分为不同的类型。

1. 按照内容划分

按照内容来划分，广告策略可分为企业广告策略和产品广告策略。

（1）企业广告策略

企业广告策略是为了树立企业形象，给受众可靠、可信的印象，增加受众的好感度。尽管有的企业产品已风行各地，供不应求，但这些企业为了长期占领市场，依然坚持有目标、有计划地采用广告策略，让受众对企业的信誉与形象产生深刻而持久的印象，这会对产品销售产生巨大的推动作用。

（2）产品广告策略

实施产品广告策略的目的是树立产品形象，如进行产品创新，让产品合乎时代的发展潮流；突出产品具有的优势功能，使该产品与同类产品有明显的差别；宣传产品物美价廉、经济实惠等。

2. 按照市场规模划分

按照市场规模来划分，广告策略可以分为特定市场的广告策略和世界市场的广告策略。

（1）特定市场的广告策略

特定市场的广告策略是指在一定的国家、地区或区域实施的广告策略，如精工表在世界上着重宣传其国际标准计时，而在某些国家则根据当地的市场需求追求式样翻新，重点宣传流行式样。

（2）世界市场的广告策略

世界市场的广告策略也称全球广告策略，是指从企业总体、长远的利益着眼，以全球市场为对象统筹规划的广告策略。全球广告策略一般注重广告口号、手法和风格的一致性，目的是在全球范围内树立一个统一的企业或品牌形象。

3. 按照广告实施时间划分

按照广告实施时间来划分，广告策略可分为短期广告策略和长期广告策略。

（1）短期广告策略

短期广告策略是指在有限的市场上宣传推广某一具体产品所进行的为期较短的广告活动。这一策略适用于新产品投入市场前后，一般采用突出性的广告攻势，在短时间内迅速为新产品制造声势，提高新产品的知名度。

（2）长期广告策略

长期广告策略是指为树立企业形象或者为打开与拓展某一产品市场所进行的为期较长（数年乃至数十年）的广告活动，多数强调广告目标的一致性与连贯性。

4. 按照媒介划分

按照媒介来划分，广告策略可分为单个媒介策略和组合媒介策略。

（1）单个媒介策略

单个媒介策略是指企业在使用多种媒介后，发现其中一种媒介的效果较好，或者在调查分析后选择了最合适的一种广告媒介，并在一定时期内只集中使用该广告媒介进行宣传。

（2）组合媒介策略

组合媒介策略是指在同一时期内用多种广告媒介发布创意基本相同的广告，以便增加受众接触广告的机会，造成一定的声势。不过，在运用组合媒介策略时，广告主也应以某一种媒介作为主要媒介，其他媒介作为补充媒介，并使各种媒介之间协调配合。在采用此策略时，广告主要考虑如何制定最佳的配合方案，如采用哪几种媒介，各种媒介发布的先后顺序、发布的时间安排和次数等。

5.2 网络与新媒体广告目标市场策略

随着消费市场的成熟与分化，广告主的"媒介观"也发生了巨大的变化。针对媒介格局的变化，广告主改变了以往单一、粗放式的媒介投放策略，开始寻求媒介使用差异化战策，倾向于综合使用多种媒介，并且积极开发网络与新媒体。目前，网络与新媒体的开发与创新已经进入服务深耕阶段。

5.2.1 广告目标市场策略的含义

广告目标市场策略是指在广告中根据不同目标市场的特点采取相应的宣传手段和方法。企业针对目标消费群体，依据其不同的生活习惯、工作环境及个性特点等，制订不同的广告诉求点和广告的表现形式，力求在目标市场上更全面地传递广告信息。

所谓目标市场，是指企业选择一定的范围和消费者作为自己的市场，以满足一部分消费者的需要为宗旨，以在这些消费者身上获得利润作为目标。这些消费者一般具有相同的需求或特征，例如，巴拉巴拉品牌就把儿童市场作为自己的目标市场，如图5-1所示。

图5-1 巴拉巴拉童装

5.2.2 广告目标市场策略的类型

广告目标市场策略可分为集中性目标市场策略、个性化目标市场策略、无差异性目标市场策略和差异性目标市场策略。这4种广告目标市场策略各有利弊，企业在选择目标市场时，应综合考虑自身的各种因素和条件，如企业规模和原料供应、产品类似性、市场类似性、产品生命周期等。

1. 集中性目标市场策略

集中性目标市场策略是指企业集中力量进入某一细分市场，并针对该细分市场制订一套营销组合策略，实行专业化生产和经营，以获取较高的市场占有率。采用这种策略时，企业对目标市场要有较深的了解。这种策略对应的目标市场较小，因此适用于中小型企业。图5-2所示为一家专门做防雨用具的企业的店铺，它就采用了集中性目标市场策略。

集中性目标市场策略具有以下优势。

（1）有利于企业深入了解特定细分市场的需求，提供针对性的服务。

（2）有利于企业在所选目标市场上巩固地位，提高信誉度。

（3）有利于企业实行专业化经营，降低成本。只要目标市场选择精准，企业就能在这个领域形成核心竞争力，从而获得较好的经济效益。

图5-2　防雨用具专卖店

2. 个性化目标市场策略

网络与新媒体技术的发展使市场能够细分到每个消费者，定制产品的制造成本也日益降低。网络与新媒体极强的互动性和独特的交流方式，使企业在网络与新媒体上进行个性化营销变得非常便捷。

个性化目标市场策略是指企业将每个网络消费者都看作一个单独的目标市场，根据每个消费者的需求，制订一套个性化的网络营销组合策略，以吸引更多的消费者。图5-3所示为专门做定制服装的一家店铺，其为消费者提供个性化的定制服务。

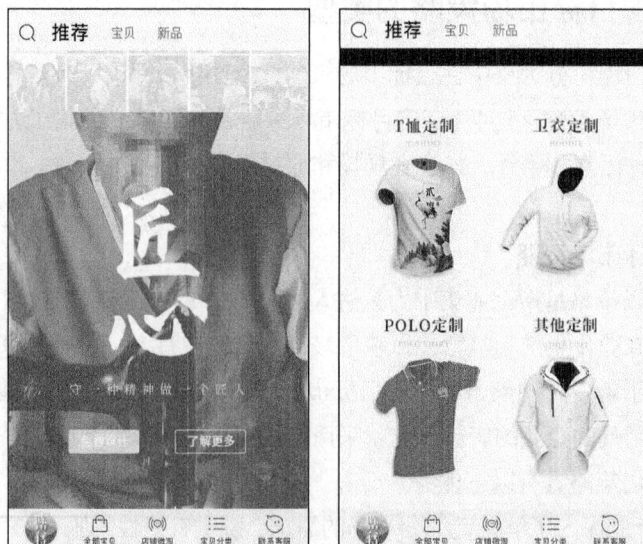

图5-3　定制服装的店铺

实施个性化目标市场策略对企业来说具有相当大的挑战性。企业要想实施该策略，需要满足以下前提条件。

（1）每个网络消费者的需求都要有较大的差异，而且他们要有强烈的满足个性化需求的愿望。

（2）具有同种个性化需求的消费者具有一定的规模。

（3）企业具备开展个性化广告营销的条件。

（4）个性化广告营销对企业和消费者而言都符合经济效益的要求。

3. 无差异性目标市场策略

无差异性目标市场策略就是企业把整个市场作为自己的目标市场，只考虑市场需求的共性，不考虑其差异性，运用一种产品、一种价格、一种广告传播方法，吸引尽可能多的消费者。企业要想采用无差异性目标市场策略，其产品在内在质量和外在形态上都必须具有独特的风格，这样才能得到多数消费者的认可，从而保持相对的稳定性。这种策略的优势是产品单一，容易保证质量，能够大批量生产，还能降低生产和销售成本。但是，如果同类企业也采用这种策略，必然会形成激烈的竞争。

在网络与新媒体营销中，企业实行无差异性目标市场策略的表现在于，企业将整个网络市场作为一个目标市场，面对所有的市场只推出一种产品，只实施一套营销组合策略，通过无差异性的大规模营销，吸引更多的消费者。实施这种策略的前提是，即使消费者的需求有差别，他们也有足够的相似性被作为一个同质的目标受众来对待，所以它只重视消费者需求的相似性，而忽略消费者需求的差异性。

无差异性营销的理论基础是成本的经济性：企业生产单一产品，可以减少生产和储运成本；无差异性的广告宣传和其他促销活动可以节省促销费用；不进行市场细分，可以减少企业在市场调研、产品开发、制订各种营销组合方案等方面的营销投入。这种策略比较适用于需求广泛、市场同质性高、能够大量生产且大量销售的产品，如图5-4所示的螺蛳粉。

图5-4　螺蛳粉广告

4. 差异性目标市场策略

差异性目标市场策略就是把整个市场细分为若干个子市场，并针对不同的子市场设计不同的产品，制订不同的营销策略，以满足不同消费者的个性化需求。这种营销策略的优势是小批量、多品种、生产机动灵活、针对性强，能够更好地满足消费者的需求，由此促进产品销售。日用消费品大多采取这种营销策略，如图5-5所示。另外，由于企业在多个细分市场上经营，所以在一定程度上可以减少经营风险。一旦企业在几个细分市场上都获得成功，企业形象会获得大幅度提升，市场占有率也会大大提高。

图5-5　日用消费品广告

但是，差异性目标市场策略也有不足之处，主要表现在两个方面。一是增加了营销成本，产品品种多会增加管理和存货成本；企业针对不同的细分市场制订独立的营销计划，就会增加在市场调研、促销和渠道管理等方面的营销成本。二是企业的资源配置往往不能有效集中，容易顾此失彼，甚至会在内部出现彼此争夺资源的现象，导致拳头产品难以形成优势。

针对以上情况，企业在采用这种营销策略时要权衡利弊，分析增加销售额所带来的利益与由此增加的营销成本之间的关系，从而进行科学决策。

5.2.3　影响广告目标市场策略选择的因素

影响广告目标市场策略选择的因素主要有产品特点、市场特点，以及竞争对手的策略。

1. 产品特点

产品的同质性表明了产品在性能、特点等方面的差异性的大小，是企业选择广告目标市场策略时必须考虑的因素之一。一般对于同质性高的产品，适合采用无差异性目标市场策略；对于同质性低或异质性的产品，则适合采用差异性目标市场策略或集中性目标市场策略。

此外，产品因所处生命周期阶段的不同而表现出的不同特点也不容忽视。当产品处于导入期和成长初期时，消费者刚刚接触新产品，对产品的了解还停留在比较粗浅的层次，市场竞争尚不激烈，这时企业的营销重点是挖掘市场对产品的基本需求，往往采用无差异性目标市场策略。等产品进入成长后期和成熟期时，消费者已经熟悉了产品的特性，其消费需求向深层次发展，表现出多样性，市场竞争空前激烈，企业应适时转向差异性目标市场策略或集中性目标市场策略。

2．市场特点

供与求是市场中的两大基本力量，它们的变化趋势往往决定着市场的发展方向。当供不应求时，企业重在扩大供给，无暇考虑需求差异，所以多采用无差异性目标市场策略；当供过于求时，企业为了刺激消费需求，扩大市场份额，多采用差异性目标市场策略或集中性目标市场策略。

从市场需求的角度来看，如果大多数消费者对某产品的需求偏好、购买行为相似，这种产品的市场则称之为同质市场，企业可以采用无差异性目标市场策略；反之，则为异质市场，企业更适合采用差异性目标市场策略和集中性目标市场策略。

3．竞争对手的策略

企业可以与竞争对手选择不同的广告目标市场策略，例如，当竞争对手采用无差异性目标市场策略时，企业可以选用差异性目标市场策略或集中性目标市场策略，这样更容易发挥自身的优势。

在市场竞争中，企业要慎重选择广告目标市场策略，一旦确定就要保持相对稳定，不能朝令夕改。但是，广告目标市场策略的灵活性也不容忽视，因为没有永远正确的广告目标市场策略。企业一定要密切关注市场需求的变化和竞争动态，在必要时对广告目标市场策略进行科学、合理的调整。

5.3 网络与新媒体广告定位策略

当前，网络与新媒体广告凭借其独特的传播优势，已经成为企业普遍采用的一种营销手段。然而，网络与新媒体广告的传播效果在很多时候并不太好，其主要原因就是广告定位不准确。这就要求广告策划人员善于使用广告定位策略，以提高信息传播的质量和效率。

广告定位策略是指从有关某一特定产品的为数众多的概念中，发现有竞争力、差别化的代表产品特质的概念，并运用恰当的广告形式进行宣传，从而使产品在目标受众的心目中确立理想位置的策略。在确定广告定位策略时，广告策划人员必须坚持系统原则，注意广告定位的整体性。广告定位策略可以分为市场定位策略、产品定位策略和观念定位策略。

5.3.1 市场定位策略

市场定位策略是依据市场细分原则，找出符合产品特性的基本消费者类型，从而确定目标消费者。所谓市场细分，就是企业通过市场调研，依据消费者的需求与欲望、购买行为和购买习惯等方面的明显差异性，把某种产品的市场划分为若干子市场。消费者需求的日益细分，使网络与新媒体承担起提供更具体、更专业的信息的责任。

网络与新媒体广告作为一种有别于传统广告的新型传播形式，要突出以消费为导向的特点，在广告定位上一定要深入了解消费者的特点，瞄准消费者的需求，寻找市场细分后的目标消费群体，有针对性地传递信息，使覆盖范围与目标消费群体的分布范围相吻合。

例如，饰品品牌mbox从成立公司到现在年销售额大增，已经成长为一个真正的网络品牌，而这一切离不开其正确的市场定位。mbox的创始人意识到在饰品这个领域，中国的市场并不饱和，当时饰品行业中较出众的只有周大生、周大福等做贵重金属首饰的企业，但这些企业的产品的市场占有率相对来说并不大，原因一是价格高，二是款式较少，大部分适合较成熟的人群。而对于18～30岁的女性来说，她们比较年轻时尚，需要的一般是款式新颖、能够经常更换的饰品，而不是动辄几千元的高档贵重饰品。

就线下市场来说，这些流行饰品一般只在一些商场的专柜或专卖店销售，而且价格不菲，很多人往往找不到购买场所。另外，这些流行饰品的性价比相对来说比较低，所以mbox的创始人认为这个市场大有所为。因此，该创始人结合网络的力量，逐渐建立了自己的网络品牌。图5-6所示为mbox饰品旗舰店。

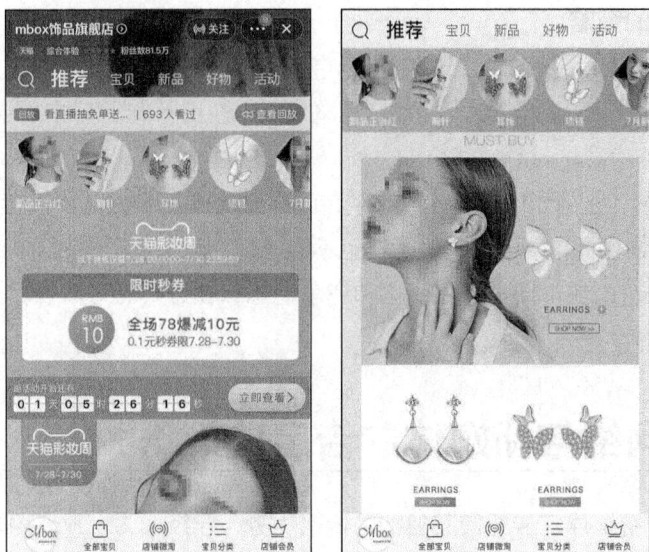

图5-6　mbox饰品旗舰店

5.3.2　产品定位策略

很多产品具有多方面的特性，拥有许多优势，但如果企业想要详尽地宣传产品的各个方面，往往会由于广告目标过多导致宣传主题的弱化，以致降低宣传效果。因此，企业要运用产品定位策略，一个广告只针对一个品牌和一定范围内的消费群体，并找出产品诸多性能中符合目标消费群体要求和产品形象的主要特征，通过简洁、明确的视觉形象将这些特征表现出来，强化主题，以达到有效传播的目的。

例如，2019年12月31日至2020年1月1日，高德地图推出"1块出发日"，开展了一系列营销活动。使用高德地图打车的乘客只要给司机送新年祝福，高德地图就会把1个新年现金红包直接发给司机，如图5-7所示。乘客也有专属套餐券，1元可购"13+5元打车立减券"。在微博话题中搜索"1块出发"，还能看到很多名人发博助力。同时，高德地图还在线上发布了温情短片，讲述人在困难无助时总有人陪伴在身边的故事。

近几年，不管是岁末年初，还是春运期间，高德地图都会推出各种暖心活动。从导航工具到国民出行平台，高德地图不断通过各种营销活动来改变消费者的认知。"连接真实世界，让出行更美好"已经深入高德地图的每个产品、每个活动中。高德地图通过一系列的活动告诉消费者，它不仅是一款工具型App，也希望介入消费者的生活，并与他们产生情感共鸣。

图5-7　高德地图广告

5.3.3　观念定位策略

所谓观念定位策略，就是在广告策划过程中，根据受众接受的心理，确定主题观念所采用的一种策略。根据诉求方式的不同，观念定位策略又可分为正向定位策略和逆向定位策略。

1. 正向定位策略

正向定位策略是指在广告中突出产品在同类产品中的优越性的宣传方式。企业要在广告作品中突出目标受众的关心点，设计出有感召力的宣传词，充分展示产品的优势，从而产生良好的宣传效果。

例如，2020年4月28日，吉利豪越在杭州进行了全球空间首秀，"樊登读书"创始人、《奇葩说》辩手、网易严选商品开发设计师、"虎哥说车"创始人、吉利汽车集团副总裁、吉利造型中心设计总监等到场嘉宾解读豪越成功背后的产品实力。同时，吉利在现场还发布了一款与网易严选联合开发的2.2米多功能植绒充气床垫，完美契合豪越的2.2米纵深大空间，如图5-8所示。

图5-8　多功能植绒充气床垫

2. 逆向定位策略

逆向定位策略是针对人的逆反心理而采用的宣传方式。逆反心理是人们在外界信息刺激下，有意识地摆脱习惯思维的轨迹，而向相反的思维方式进行探索的一种心理取向。企业可以利用这种心理取向策划"正话反说"的宣传作品，进而达到以退为进的目的，如"对不起！是我们太笨，用了17年的时间才把中国的凉茶做成唯一可以比肩可口可乐的品牌""不要探索新世界，只要待在自己的世界，就这样活着吧"等。

在网络与新媒体经济蓬勃发展的环境中，任何一种产品的畅销都会导致大量企业很快挤占同一市场，产品之间的差异也随之变得越来越小。企业要想在这种市场条件下生存和发展，不仅要突出自身产品的特点，而且要利用有效的营销工具和促销手段，走在消费者的前面，去引导消费和创造消费。网络与新媒体广告定位策略的灵活运用可以避免广告设计上的盲目性，规定广告设计的方向性，使网络与新媒体广告切实成为企业的营销推动力。

5.4 网络与新媒体广告诉求策略

广告诉求是产品广告宣传中所要强调的内容，也称为卖点。在网络与新媒体广告策划的大框架中，广告诉求策略是一项核心内容，它体现了整个广告的宣传策略，往往是决定广告成败的关键所在。倘若广告诉求选择得当，就会对消费者产生强烈的吸引力，激发起他们的消费欲望，从而促使其购买产品。

5.4.1 广告诉求对象的选择

网络与新媒体广告诉求对象应该是网络与新媒体广告主的产品目标消费群体，即产品定位所针对的消费者，而且是购买决策的实际执行者。

在网络与新媒体广告策划中，诉求对象的选择应该在广告目标市场策略和产品定位策略已经确定之后进行，根据目标消费群体和产品定位而做出。广告目标市场策略已经直接明确了网络与新媒体广告要针对哪些细分市场的消费者，而产品定位策略也再次申明了产品要指向哪些消费者。

根据消费者在购买行为中所担任的不同角色，可以将消费者分为发起者、决策者、影响者、购买者和使用者。例如，对于儿童产品来说，其消费群体是儿童，他们是产品的实际使用者，广告中的代言人、卖场销售人员乃至儿童父母的亲朋好友都可能承担影响者的角色，但这些产品最终的购买者和决策者却是儿童的父母。所以儿童产品的广告应当致力于运用网络与新媒体平台接触儿童的父母，并将其作为网络与新媒体广告的诉求对象。

5.4.2 广告的诉求重点

关于企业和产品的信息非常丰富，但并不是所有的信息都需要通过网络与新媒体广告来传达，网络与新媒体广告不能传达所有的信息，原因如下。

（1）网络与新媒体广告活动的范围是有限的，每一次活动都有其特定的目标，广告主不能企图通过一次活动就达到企业所有的广告目的。

（2）网络与新媒体广告传播的时间和空间是有限的，在有限的时间和空间内无法容纳过多的广告信息。

（3）网络与新媒体广告的传播形式会对互动效果产生影响。如果传播形式是近似于传统媒体的单向传播，与受众不能产生很好的直接互动，那么受众对广告的关注时间和记忆程度就是有限的，在短时间内很难对过多的信息产生深刻的印象。

（4）产品的目标消费群体有其特定的需求，他们感兴趣的是与其需求有关的信息和自己主动通过网络与新媒体平台搜寻的信息，而不是所有的广告信息。

因此，网络与新媒体广告所要传播的并不是关于企业、品牌、产品或服务的所有信息，而只是其中的一部分，并对不同的信息各有侧重。在广告中，向诉求对象重点传达的信息称为广告的诉求重点。

制约广告诉求重点的因素主要有以下两个。

（1）广告目标：广告目标决定了广告的诉求重点。如果广告目标是扩大品牌的知名度，那么广告的诉求重点应当是向消费者传达关于品牌的各种信息；如果广告目标是扩大产品的市场占有率，那么广告的诉求重点应当是做出购买利益的承诺；如果广告目标是短期促销，那么广告的诉求重点应当是向消费者传达即时购买的特别利益。

（2）诉求对象的需求：广告的诉求重点应以诉求对象的需求为中心，直接针对诉求对象的需求，向其传达最容易引起他们注意和关心的信息。需要注意的是，企业单方面认为非常重要的信息，在消费者眼里很有可能并不重要。

5.4.3　广告诉求策略的类型

广告是一种以说服为目的的信息传播活动，广告诉求策略其实就是广告的说服策略。所谓说服，就是说服者通过向信息接收者传达一定的诉求，引导其态度和行为趋向于说服者预定的方向。它作用于信息接收者的情感、认知、行为倾向性3个层面，其中认知是情感和行为倾向性的基础，而行为倾向性则因认知和情感的变化而产生。

广告诉求策略有3种类型分别为理性诉求策略、感性诉求策略和情理结合诉求策略。

1. 理性诉求策略

理性诉求策略就是诉诸目标消费者的理性，以逻辑性的方式传达广告诉求，即通过对消费者理性层面的劝服而达到广告传播目标。理性诉求策略一般以真实、准确和必需的产品与企业信息为主要内容，让消费者在经过认知、推理和判断之后做出购买决定，而不是单纯地刺激消费者的情感，以唤起消费者对产品或企业的认同。

人们在消费前面对众多的产品，需要了解、鉴别、选择和思考一番，尤其是购买大件产品和贵重产品时，更要经过再三斟酌才能决定是否购买。因此，理性诉求策略要求广告主采用"晓之以理"的方式说服消费者相信产品，促成购买，如图5-9所示。

理性诉求策略注重向消费者提供较为全面的产品信息，特别是对一些新产品、新服务，如高档耐用品、工业品、各种无形服务等，消费者了解的信息比较少，所以企业可以采用这种诉求策略让消费者经过深思熟虑后决定是否购买。而对于市场知名度较高的产品来说，过于细致的信息和文字反而会令消费者厌烦。

理性诉求广告具有说明文、议论文或记叙文的文体特征，适合传达复杂的广告信息，在消费者需要做出理性的购买选择时，为其提供实际帮助和资料支持。这类广告语言严谨、准确、平实、简洁，环环相扣、层层递进、逻辑性强，能够引导消费者的思维，达到广告传播的效果。

图5-9　理性诉求广告

2. 感性诉求策略

感性诉求策略又称情感诉求策略，即通过对消费者情感层面的劝服来引起消费者的兴趣，启发联想，刺激其购买行为的发生。人都是有情感的，企业在广告诉求中采用"动之以情"的方式，消费者往往会因受到暗示而动情，受情绪的影响和支配而采取行动。广告作品中的情感表现固然可以被视为一种表现方法，但更应被视为一种创作原则和创作理念。

随着经济的发展和人们生活水平的不断提高，人们的消费模式正在由满足基本物质需求向满足情感需求转变。消费者已不再单纯地追求产品数量和质量方面的满足，而是在追求质量的同时，更多地从产品形象出发，根据个人的好恶和心理需求来挑选产品。

如果企业在广告创意中定位准确，情感表达得当，就可能创作出观念新颖、人情味浓郁、体现现代文明价值的广告作品，进而使消费者对产品或企业产生好感，乐于接受该产品或服务，成功赢得消费者的青睐。对于一般的日常用品（如化妆品、食品、服装等）来说，消费者在购买时选择范围比较大，容易受情绪的影响，所以企业适合采用感性诉求策略的广告诉求方式，如图5-10所示。

由于感性诉求策略更注重情感、情绪与企业、品牌、产品、服务的联系，所以在网络与新媒体广告中，那些营造生活场景、表现生活片段的广告往往更容易获得成功。需要注意的是，感性诉求广告中蕴涵的情感应该真实、深切，情感表达要自然、含蓄，避免虚情假意和生硬，否则会适得其反，引起消费者的反感，进而影响消费者对广告中企业、品牌产品、服务的印象。

感性诉求广告一般并不对产品特性、外观或企业形象进行直接描述，而是让产品或企业成为某种环境中的重要道具。感性诉求广告的语言简洁、凝练、生动、形象，或华丽、流畅、甜美，或生活化、口语化；语气或强烈而煽情，或轻柔且含蓄，通过环境烘托、情景描述来间接地唤起消费者的某种情感，体现出散文、诗歌的文体特征。

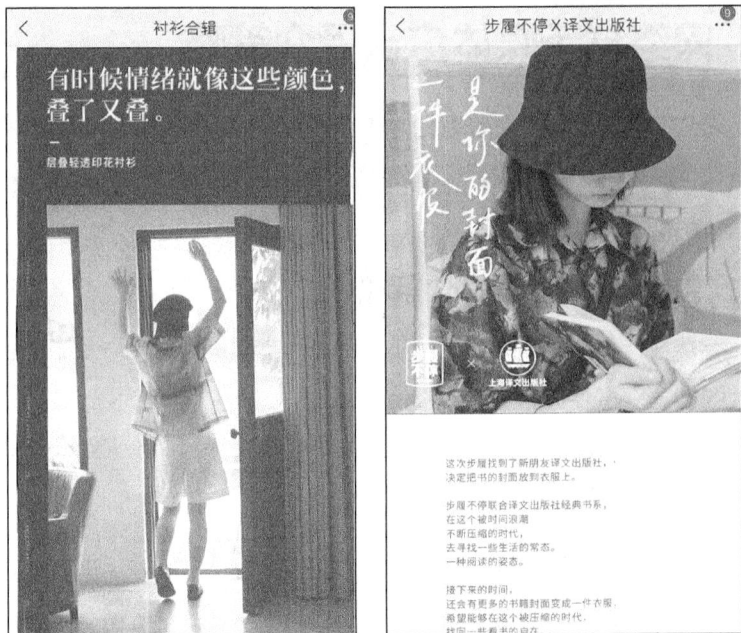

图5-10　感性诉求广告

3. 情理结合诉求策略

情理结合诉求策略是通过对目标消费者意识层面中情感与理性的共同作用进行广告传播。理性诉求与感性诉求各有优势和劣势，理性诉求有利于完整、准确地传达产品信息，但由于过度注重事实的传达和道理的阐述，很容易使广告显得枯燥、生硬，以致影响消费者对广告信息的兴趣；感性诉求更贴近消费者的切身感受，容易激发消费者的兴趣，但过于注重对情绪和情感的描述，很容易影响广告信息传达的完整性。因此，在实际的广告运作中，很多企业常常将两者相互融合，既刺激消费者的情感以获得认同，又尽可能多地传达产品信息，也就是既"动之以情"，又"晓之以理"。

情理结合诉求策略的前提是产品的特性、功能与情感内容要有合理的联系。在文体方面，情理结合诉求广告既呈现出散文、诗歌的文体特征，也呈现出说明文、议论文或记叙文的文体特征，其语言也因情况不同而呈现出不同的风格。当需要展现情感要素时，广告就使用形象、生动的语言，充满抒情的意味；当需要突出理性要素时，广告就使用准确、平实的语言。在实际的广告运作中，企业必须协调情感诉求与理性诉求之间的语言差异，使广告的文案风格达到统一，如图5-11所示。

图5-11　情理结合诉求广告

5.5 网络与新媒体广告受众策略

广告传播的最终目的是影响广告受众的态度和行为，因此结合广告受众的特点制订广告策略是广告活动取得成功的关键。下面分别从广告内容和广告传播两个层面出发，介绍几类有针对性的广告策略。

5.5.1 广告内容方面的受众策略

根据网络与新媒体广告受众的特点，广告主可以在广告内容生产过程中采取以下策略。

1. 以新颖的创意获取受众注意

在吸引受众的广告展现因素中，广告内容与创意是首要因素。因此，要想让广告获取受众的注意，广告主应该对广告创意给予充分的重视。

（1）要注重广告内容上的创新

这一点不管是对传统广告，还是对网络与新媒体广告来说，都是至关重要的。在新媒体时代，不断加快的生活节奏和海量的信息接触让人们的注意力越来越分散，只有具有创意的广告内容才有机会赢得受众的欣赏，而只有新颖、犀利、洞察深刻的创意才容易被受众记住。

（2）要注重广告形式上的创新

网络与新媒体广告的呈现终端更加多样化，广告的表现形式也更加丰富。单调呆板、千篇一律的传统广告表现形式已经难以吸引受众的注意力，网络与新媒体广告受众更青睐新鲜、独特、具有社交性和分享性的广告表现形式。

图5-12所示为简豆科技出品的H5广告，该广告用5道题目检测用户的知识储备，用户答题后可以获得简豆金币和成绩海报，以此促进用户分享和互动，强化用户对简豆科技的印象。

图5-12 简豆科技出品的H5广告

由于网络与新媒体广告受众具有更高的主动性和更多的选择性，他们对创意的追求与传统媒体广告受众不同，更加注重创意是否能打动内心，引发情感共鸣。

2. 以符合个性化特点的语言与受众沟通

网络与新媒体广告受众是由大量个体组成的，这些个体拥有不同的文化背景，处于不同的社会环境，具有不同的心理认知等，他们面对不同的广告信息时会做出不同的选择。广告主在传播广告信息之前，要先分析受众的个性，为他们提供与其个性相符的广告信息。

网络与新媒体广告受众普遍追求个性，崇尚自由，喜欢与众不同，这种趋向促使定制服务越来越受欢迎。广告主在创作广告时应充分考虑受众的个体性，挖掘广告目标受众的偏好，选择适合的表现方式与内容，推出精准的定制广告服务。

由于受众的个体性，广告传播方一定要借广告说出特定群体的心声，从而引发受众的情感共鸣。如美的制作的新年广告《我可以回家吗》，就是用简短的话语说出上班族子女的心声：希望父母可以给子女自由，让他们过一个毫无心理负担的春节。该广告倡导"家是让人放下负担的地方"，切中了年轻消费群体的情感需求，引发了他们的共鸣，如图5-13所示。

图5-13　美的制作的新年广告《我可以回家吗》

3. 以互动性的形式激励受众参与

互动性是网络与新媒体的重要特征，网络与新媒体广告受众普遍具有强烈的参与意愿，因此广告主在制作广告内容的过程中应充分体现广告的互动性和参与性。具有互动性的广告首先会用新颖的形式吸引受众的注意力，然后让受众在互动的过程中潜移默化地接受广告信息，并留下深刻的印象。

例如，支付宝曾发布了一则《听，蚂蚁森林说话了》H5广告，该广告展现了蚂蚁森林的修建过程以及森林对人类的重要性，通过声音及声波图像生动地展现不一样的"绿色能量"星球。用户在线上转动绿色星球模型，页面会随机显示不同地形、多种劳作，以及大自然的回馈等，体现出蚂蚁森林的生物多样性，激发了用户的参与感，从而增加了蚂蚁森林的用户参与量，如图5-14所示。因此，广告主应充分考虑自身产品特点以及目标受众的核心需求，设计出能给受众带来良好互动体验的广告内容。

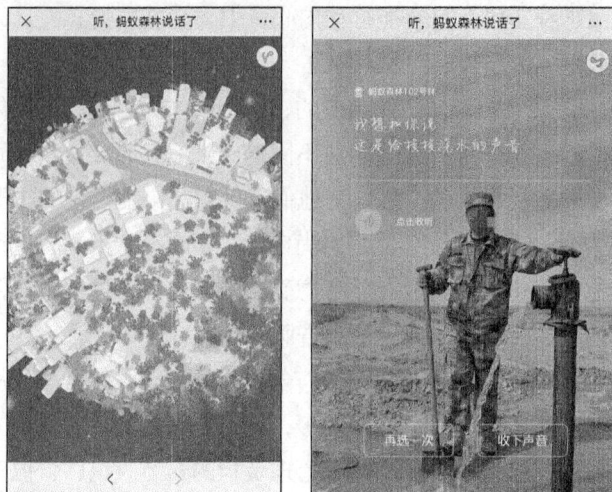

图5-14　蚂蚁森林H5广告

4. 以丰富的内涵感染受众

在传统媒体时代，由于受众接收信息的渠道比较单一，所以"叫卖式"的硬性广告能够产生良好的宣传效果。但是，新媒体时代的广告受众接收信息的渠道越来越多样化，他们每天都被各种各样的信息包围，因而对信息的内容也越来越挑剔。"叫卖式"的硬性广告越来越容易引起受众的反感，而具有人文关怀的、能够打动心灵的、能够引起情感共鸣的广告更有可能获得受众的青睐。

因此，广告主在制作广告时要注重丰富广告的内涵，尊重受众，关注受众的个性、价值、尊严、地位、发展和自由。具有人文关怀的广告内容更容易被受众所接纳，更容易使受众对企业和品牌产生信任和好感。

图5-15所示为网易新闻制作的问答类小游戏H5广告，它能根据受众的回答制作出美观的清单，让受众分享人生，同时提醒受众有很多事情还没有做，要努力完成，让自己的人生变得更加有意义。该广告表达了网易新闻对受众的人文关怀，进一步提升了品牌形象。

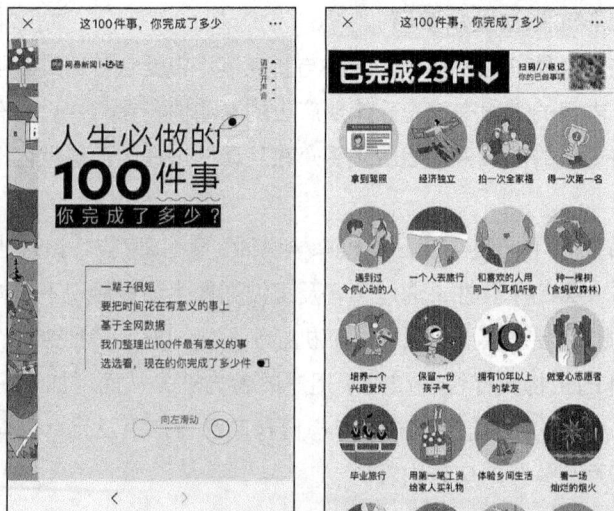

图5-15　网易新闻制作的问答类小游戏H5广告

5.5.2　广告传播方面的受众策略

结合网络与新媒体广告受众的特点，在广告传播过程中，广告主可以采取以下几个策略来达到更好的广告效果。

1. 以"精准传播"直击目标人群

广告主要想让自己的广告获得成功，关键在于把恰当的信息传递给恰当的受众。在新媒体时代，广告信息与目标受众的精准匹配得到巨大的发展。新媒体时代也是大数据时代，广告主可以运用大数据技术挖掘受众信息，根据受众的年龄、性别、地域等条件来划分受众，还可以根据受众的各种新媒体使用习惯，以及在使用新媒体的过程中留下的信息分析出受众的兴趣、爱好和需求等，从而根据不同受众的不同需求投放满足其需求的广告信息，实现广告的精准投放。

2. 以话题性内容促进二次传播

在新媒体时代，广告受众深度参与到互联网中，他们既是信息的消费者，也是信息的生产者。这就决定了新媒体时代广告传播的一个新特点，即广告在广告主进行第一次发布传播之后，还会获得广告受众的二次传播。

新媒体广告受众具有高度参与性，他们喜欢互动式的广告内容，愿意对广告信息进行反馈，乐于对优质的广告进行转载。特别是在微信、微博等社交性和分享性极强的新媒体平台上，优质的广告很容易获得受众的二次传播，而受众的二次传播对广告信息的传播具有重要的影响，能够让广告主用很少的成本就使广告信息得到广泛的传播，使品牌获得超高曝光率。图5-16所示为微博用户对OPPO和三只松鼠广告的二次传播。

图5-16　微博用户对OPPO和三只松鼠广告的二次传播

3. 以个性化的传播方式提升用户体验

有关机构调查显示，广告受众对强迫性广告最为反感。我国网络用户对网络广告反感的主要原因是"广告自动弹出影响用户体验""有些广告强制出现，关不掉""广告阻碍浏览内容的连续性"，其占比分别为44.9%、41.8%和41.1%。

在新媒体环境下，受众的自主性大大提高，他们对信息的选择更加自由。如果还是像传统媒体那样强制受众观看广告，只会让受众越来越反感。因此，广告主要充分尊重新媒体广告受众的自主性，通过提高自身广告质量，或者提供受众需要的广告来吸引他们的注意力。

【课后习题】

1. 简述广告策略的特征。
2. 简述广告目标市场策略的类型。
3. 简述广告诉求策略的类型，并分析如图5-17和图5-18所示的广告分别运用了什么广告诉求策略。

图5-17 广告（a）

图5-18 广告（b）

第6章

新媒体广告的创意

◆ 了解广告创意的概念和基本原则。

◆ 了解新媒体广告创意的变迁。

◆ 了解新媒体广告创意的特点。

◆ 了解广告创意形成的过程。

◆ 掌握广告创意表达的策略。

◆ 掌握新媒体广告创意的方法。

新媒体时代的受众对媒介选择的自主性显著增强，这使广告创意的创作比以往任何时候都更有挑战性。在网络与新媒体环境下，广告主要尽可能地让受众参与到广告传播中，通过营造亲身体验来探寻受众的需求，尽可能地借助新的传播技术，发挥新媒体的优势，以促进广告创意的升级。网络与新媒体的发展为广告传播提供了全新的创意视角，数字技术的应用为广告实现精准、定向传播，拉近品牌与受众的距离并使受众参与到广告传播中提供了无限可能。

6.1 新媒体广告创意概述

在新媒体环境下，受众处于海量的碎片化信息中，其专注力日益成为"奢侈品"，他们也越来越容易对不感兴趣的广告信息产生反感情绪，这从根本上影响到新媒体广告的效果。如果网络与新媒体广告仅仅照搬传统媒体的广告创意，而缺乏自身独特的创意，那么其传播效果就无法显现出来。因此，新媒体环境实际上对广告创意提出了更高的要求，而新媒体的发展也促使广告创意进行升级。

6.1.1 什么是广告创意

广告创意是指通过独特的技术手法或者巧妙的广告创作脚本，突出体现产品特性和品牌内涵，并以此促进产品销售。广告创意是一种创造性思维活动，它既具有艺术的特质，又具有营销活动的特性。一个好的广告创意必然是艺术与科学的结合体，广告创意理念和创意方法也会随着外部环境的改变而不断发生变化。

图6-1所示为天猫精灵的新媒体广告，不同性别的用户分别做关于声音的选择题，最后输入自己的声音生成分析报告，在报告界面可以点击参与抽取天猫精灵的活动。天猫精灵用奖品鼓励用户参与活动，激发了用户参与的积极性；在互动过程中用各种声音打动用户的心，触动其内心的柔软处，同时紧密结合天猫精灵的产品特色，强化了天猫精灵的产品形象。这则广告采用H5形式，通过音频和互动强化了天猫精灵的产品特色，并用各种声音感知测试将天猫精灵与用户的情感连接起来，进一步加深了用户对天猫精灵的喜爱程度。

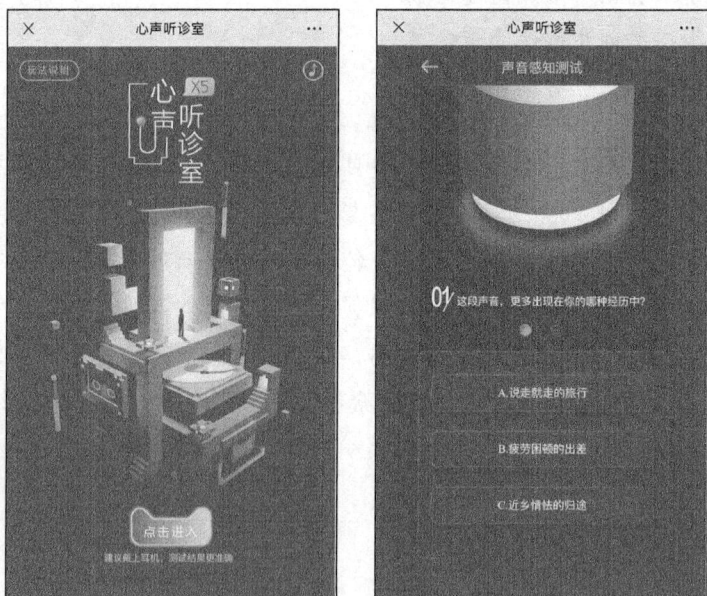

图6-1 天猫精灵的新媒体广告

一直以来，广告创意被视为广告的灵魂，是将广告赋予"精神及生命"的力量。在数字化时代，面对碎片化的媒介环境、多样化的受众需求，网络与新媒体广告创意正面临着新一轮的挑战。如何利用现有的技术条件，充分发挥网络与新媒体的传播优势，促进广告创意升级，是当前广告创意人员需要深入探索的课题。

6.1.2 广告创意的基本原则

虽然网络与新媒体广告创意的本质是创造性的思维过程，而且依赖于想象与联想，但这并不意味着广告创意人员在进行创意活动时可以天马行空、随意发挥。网络与新媒体广告创意不仅是一个艺术性的创作过程，还是建立在广告调查和广告策划基础之上的、有着具体广告目的的营销过程，因此新媒体广告创意必须务实，以明确的广告目的为方向。

具体来说，网络与新媒体广告创意要遵循以下基本原则。

1. 创新性原则

广告信息要在信源多、信息杂、媒介多样的新媒体传播环境中凸显出来，本来就不是一件容易的事，再加上信息传播过程中会有很多干扰因素，如果广告信息缺乏创新，就很容易淹没在海量的广告信息中，被受众忽视。因此，在网络与新媒体环境中，创新性原则是首要的广告创意原则。

创新性原则是指网络与新媒体广告创意应呈现出独特性，拒绝平庸和因循守旧，要给受众以标新立异、出乎意料的感觉。

广告是一种说服的艺术，广告心理学表明，广告能否引起受众的注意并被受众所接受，主要取决于信息的有用性和新异性。所谓的新异性，是指信息的独一无二和与众不同，即创新性。

创新是广告创意中显而易见却难以达到的原则。如果想在纷繁复杂、眼花缭乱的各式广告中获得一席之地，就必须要有创新点，要给受众耳目一新、眼前一亮的感觉。要想使广告创意新颖、独特，就要利用受众普遍的逆反心理、好奇心理，不照搬照抄，创造出与众不同、不落俗套的广告。

当然，在追求广告创新的同时也要注意广告内容是否可以被广大受众所接受。如果广告创意的内容无法被受众理解，就无法让广告产生正面的传播效果。因此，广告创意要具有适度的、可理解的新颖性和独创性，关键在于寻求新颖性与可理解性之间的平衡点。

2. 故事性原则

故事性原则是指在网络与新媒体广告创意中，广告创意人员为了更持久地维持受众的注意力，激发受众的兴趣，选择以故事的形式传递广告信息，或者在故事中植入广告，以有效地减少受众对广告的回避行为。

故事性原则的可行性依据主要体现在以下3个方面。

第一，具有创新性的广告创意可以吸引受众的注意力，而充满故事性的广告创意能够延续这种来之不易的注意力。由于媒介信息和受众注意力的碎片化趋势，广告创意人员对受众的注意力的获取一定是在碎片化时空中实现的，但受众实际上不习惯也忍受不了间断性地接受相同的刺激，他们一般习惯一次性的刺激。所以一旦吸引了受众的注意力，广告创意人员就要争取一次性讲述一个完整的故事。

第二，故事大多来源于生活，很容易让受众产生情感共鸣，从而拉近广告与受众之间的距离，有效地削弱受众对广告的抵触心理。

第三，新媒体广告相对自由的时空适合展示一个完整的故事。传统媒体广告因为传统媒体资费昂贵，广告展示时空受限，在广告创意上很难展开一个完整的故事。而基于开放、廉价等特点，网络与新媒体广告创意的故事性原则有了发展的空间，甚至出现了一种专门的新媒体广告形式——微电影广告，即在故事情节中植入广告。

2019年5月23日，华为终端官方微博发布了用华为P30 Pro裸机拍摄的竖屏微电影《悟空》，如图6-2所示，并配文："是不是每个孩子都希望拿上金箍棒，成为像悟空那样的英雄？""看一个小朋友的'悟空梦'！"这部时长8分6秒的微电影很快得到受众的好评，在"六一"儿童节前后爆火。截至6月3日晚24时，该微博已被转发12800多次，留言3200余条，点赞近25500次。网友纷纷表示："尘封的童年记忆被《悟空》打开，还记不记得小时候天不怕地不怕的自己？""《悟空》有点儿奇幻，很燃！很酷！"由此可见。故事性原则能够带来良好的广告传播效果。

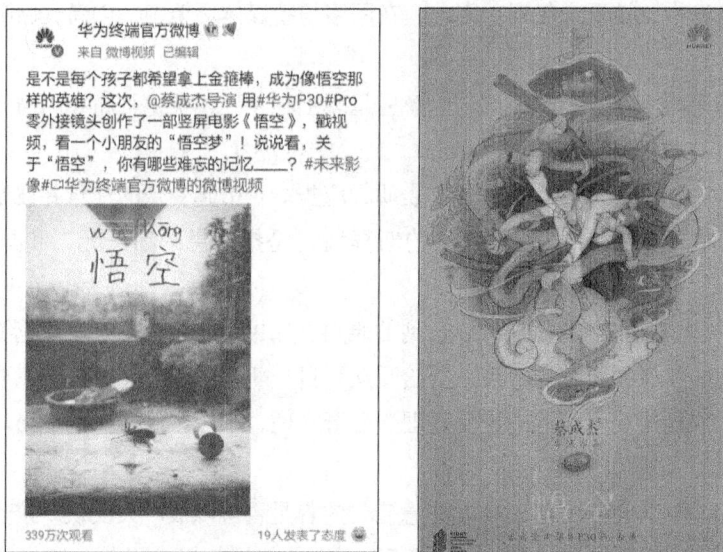

图6-2 竖屏微电影《悟空》

那么，如何让故事持久地吸引受众的注意力呢？设置悬念就是一种很好的方式。设置悬念意味着要打破常规的叙事逻辑，不能平铺直叙，要避免平淡无奇。广告创意人员可以把故事结局所要展现的内容在开头埋下伏笔，并做适当提醒或暗示，激发受众的好奇心和求知欲，从而增加广告的吸引力，保证受众对广告的持续关注，甚至使受众形成期待心理。例如，2019年1月17日，一个时长为8分14秒的视频短片《啥是佩奇》迅速火爆于各大社交媒体，这个视频准确地触动了大众的内心情感，成为2019年开年以来第一个"爆款"视频，如图6-3所示。

《啥是佩奇》其实是一部电影的宣传片，它讲述了爷孙之间哭笑不得的亲情故事。家住山区的爷爷期盼儿子一家回来过年，并打算给孙子准备礼物——孙子喜欢的小猪佩奇。无奈常年与大城市隔绝的爷爷不懂小猪佩奇是什么，于是想尽一切办法揭开"佩奇"之谜，这一过程充满了悬念，中间还发生了一系列令人捧腹的事件，最后爷爷亲手制作了一个"爷爷牌"的"佩奇"。

《啥是佩奇》激发了观众的情感共鸣。很多观众纷纷表示，为了这个短视频，也要去影院支持大电影。可以这样说，这个视频广告因为其动人的故事取得了非常好的宣传效果。

图6-3　《啥是佩奇》视频短片

3．即时性原则

受诸多因素的影响，传统广告从广告调查到广告投放往往有很长的时间跨度，进程缓慢，所以传统广告的时效性不强，甚至还会有延时性。而在新媒体平台（如微博、微信等）上，信息发布相对自由，且网络和数字技术保证了信息的即时传递，移动端又恰恰满足了受众各种碎片化的信息接收需求。这些优势既给了新媒体广告创意很多可发挥的空间，又要求新媒体广告要突出即时性的特点。

即时性是指广告创意可以与社会上最新的信息、动态结合起来。这些最新的信息、动态往往已经积累了一定的注意力和关注度，或者已经形成了话题效应，受众的参与热情极高。当广告创意围绕这些热点展开时，受众对热点的参与热情自然会延续到新媒体广告上，其对广告的注意力和关注度也会维持在相对较高的程度。

4．简洁性原则

在心理学中，注意有3个基本维度，即注意的广度、注意的稳定性和注意的分配。

（1）注意的广度，也称注意的范围，指在一个注视点来不及移动的短暂时间内所能清楚把握的对象数量。一般情况下，注意的广度越大，在同样的时间内获取的信息量就越大。

（2）注意的稳定性，指对选择对象的注意能够稳定地保持多长时间的心理品质特性。人在感受同一事物或同一活动时，注意往往很难长时间地保持固定不变。

（3）注意的分配，指在同一时间内把注意指向不同的对象，同时从事几种不同活动的现象。注意的分配取决于同时注意对象的性质、复杂度和人对各个对象的熟悉程度。

与传统媒体的信息数量相比，新媒体环境下的受众被海量信息所包围，这会使受众的注意广度变得越来越小。同时，受众还要把注意力分配到不同的信息上，所以难以保证对单个信息的注意时间。新媒体广告面临的问题是受众能够给予的注意力极其有限，这就对新媒体广告创意提出了简洁性的要求。图6-4所示的广告就遵循了简洁性原则。

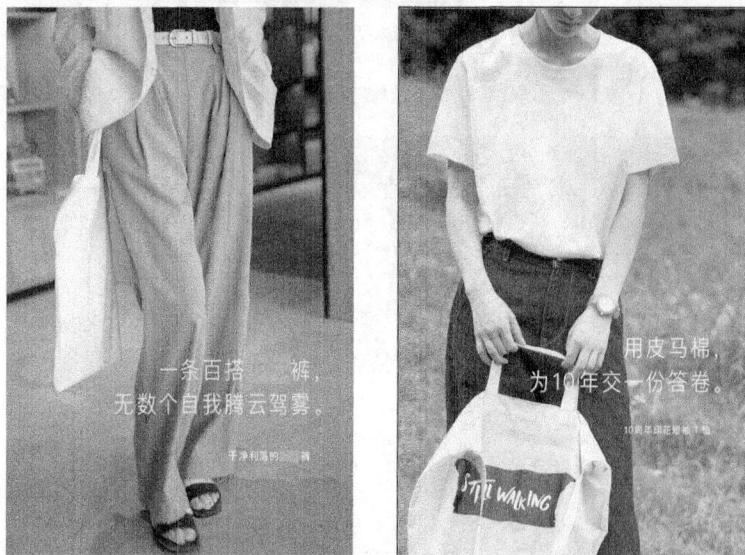

图6-4　遵循简洁性原则的广告

新媒体广告的简洁性原则要求广告创意人员尽可能简化广告主题，提炼核心，表达关键思想。只有将需要传递的信息尽可能地简单化，广告才更容易被受众注意。

5. 互动性原则

由于网络与新媒体技术提供了双向交流的便利性，所以互动性成为新媒体广告区别于传统媒体广告的显著特征。受众不再只是广告信息的浏览者，他们可以即时地参与其中，且参与方式多种多样。新媒体广告的互动性大大提高了受众对广告的好感度，也使广告获得了良好的传播效果。

对于广告创意而言，互动性的实现有两个重要的基础。

（1）提供有趣的信息

在新媒体广告中，信息与受众的互动需要受众的主动参与。如果广告信息不能引起受众的兴趣，或者对受众缺乏吸引力，就很难刺激受众主动参与。因此，广告创意人员必须在充分了解受众的基础上，用创意将广告信息包装起来，着重展现其具有趣味性和娱乐性的一面，让受众的好奇心、期待感在参与互动后得到充分的释放，从而使受众对广告信息产生深刻的印象。

例如，人民日报新媒体和腾讯文档出品的关于"六一"儿童节的H5广告，就属于节日节点营销，用户可以选择4个年代，回忆不同的年代画面。一打开H5，首先出现的是冰棒样子的加载界面，然后出现首屏"童画时光博物馆"大标题，下方罗列了4个年代按钮，点击进入后是横向的长图，图中绘制了相应年代关于儿童游戏和重要历史事件的画面，点击保存画面，即可生成带有头像和用户昵称的9幅童画时光博物馆海报，如图6-5所示。在这个体验过程中，用户可重温不同的年代回忆。

（2）具备即时性

互动性指的是受众与信息的双向交流，包括信息的发布、接收和反馈。这是一个闭环，是一个信息流动的过程，甚至还有可能是一个不断循环的过程。这就要求无论是信息的发布、接收，还是信息的反馈，都要体现出即时性。一旦某个环节滞后，就会影响整个信息流动的过程，影响受众再次参与互动的意愿。因此，广告策划人员在进行新媒体广告创意时要注意选择合适的渠道，向受众提供即时、富有乐趣的双向交流机会，并给予反馈的可能。

图6-5　遵循互动性原则的广告

6.1.3　新媒体广告创意的变迁

新媒体的迅速发展深刻影响了各行各业，广告行业作为走在市场前端的行业，对环境的变化更为敏感。自新媒体出现以来，广告行业一直在摸索中前行。新媒体广告创意相对于传统媒体广告创意而言，在创意流程、创意模式、创意评价标准上都在悄然地发生变化。

1. 广告创意流程的变化：从线性走向整合

近年来，随着新媒体技术的发展，传统的广告创意流程正发生着巨大变化。在传统广告运作中，一个从受众需求出发的广告创意通常要依次通过市场调研部、策划部的调研与策划，然后由广告公司的客户部将广告策略单下达给创意部，创意部按照客户部的意图进行相关的创意构思及概念视觉化工作。

在这个线性运作模式中，创意环节一直处于广告工作流程的后半部分。而在新媒体环境下，原有的线性流程正在被打破，取而代之的是以创意为中心、整合所有广告环节的整合型运作模式。广告创意人员要在第一时间参与到广告创作中，在广告活动的各个环节建立与受众沟通的机会，广告创意由具体化、细节化转向整体框架的整合。

例如，在产品开发阶段，广告创意人员通过前期的市场调研为企业的产品研发出谋划策；在广告活动阶段，广告创意人员要制订具有创意的广告策略；在广告发布阶段，广告创意人员要协助企业开展媒介推广活动等。可以这样说，现阶段广告公司的创意重心已从对产品信息进行简单包装和美化，全面升级为对广告活动进行宏观、全局的策略性引导。当前，所有广告创意人员工作的重点是制定创意框架，想出能够吸引目标受众的目光并使其参与其中的策略，并对相关创意内容做出正确的引导和规范等。

2.广告创意模式的变化：从议题控制转向议题设置

在传统媒体环境下，受众从接触信息到最后达成购买，在行为模式上遵循着AIDMA法则，鉴于该行为模式的特点，传统的广告创作一般由广告创意人员确定好创意主题和创意内容，然后通过视听传播符号吸引受众，并向其传达相关品牌或产品信息，从而促成最后的购买行为。在这种创意模式下，广告创意人员发挥着议题控制的功能，受众是被动的接受者。

而在新媒体环境下，受众从单纯的广告信息被动接受者转变为广告活动参与者及信息发布者，他们会根据自己的需要主动搜索信息，并对自己认可的信息进行分享，成为主动传播者。这一行为特点在行为模式上遵循AISAS法则。该模式与AIDMA模式最大的不同在于"搜索信息（Search）"和"分享（Share）"的出现，这充分显示了新媒体时代受众的行为特点。

面对受众行为模式的巨大变化，广告创意人员的创意模式也在发生变化。广告创意人员的角色由传统的议题控制者转变为议题设置者，创意的重点转向如何设置广告议题，吸引新媒体受众参与其中，并进行再创造和二次传播，从而达到广泛传播议题的目的。图6-6所示为二次传播的广告案例。

图6-6　二次传播广告

3.广告创意评价标准的发展："大创意"变身"有创意的沟通"

在传统媒体时代，广告创意的评价标准一般集中在广告作品本身，如广告大师威廉·伯恩巴克把广告创意的评价标准归结为ROI，即相关性（Relevance）、原创性（Originality）和冲击力（Impact）。广告创意人员追求经过头脑风暴后产生的能打动人心的"大创意"，再将这种"大创意"通过大众媒体进行广泛传播，从而产生较大的社会影响。

而在新媒体环境下，一方面，媒体信息的碎片化趋势越来越明显，受众形态从传统的"大众"走向"分众"和"小众"，没有任何一种媒体能够通过自己强势的声音向所有的受众传输信息；另一方面，信息的爆炸式增长使受众的注意力更加分散，受众对与自己无关的信息都产生了较强的免疫力。此外，新媒体搜索信息的便利性使受众不再是被动的信息接收者，他们更愿意主动寻找与自己相关或者能够引起共鸣的信息。

在这种背景下，传统的"大创意"式广告已经越来越难以吸引受众的注意力。任何广告要想吸引受众，就必须将创意渗透到广告活动的全过程，在每一个与受众的接触点上寻找与受众的沟通机会和沟通方法，赢取受众的信任，引起他们的情感共鸣，并吸引受众参与其中。因此，新媒体时代的广告创意的评价标准已由ROI转变为SPT，即可搜索性（Searchable）、可参与性（Participative）和可标签化（Tag-able）。

6.1.4　新媒体广告创意的特点

作为一种创造性思维活动，新媒体广告创意相对于传统媒体广告创意而言，在创意理念和表现手法上具有一定的传承性。同时，它作为与市场环境密切相关的营销活动的组成部分，又因媒体环境和营销环境的变化而呈现出不同的特征。

新媒体环境下的广告创意主要具有以下比较典型的特点。

1. 创意内容的丰富性

传统媒体广告创意大多指的是广告作品的创意，如某一则或某一组平面广告作品创意、影视广告作品创意等。而在新媒体广告中，由于新媒体的超链接特点，一则广告可以承载的信息量更为丰富，可以从不同层面、不同深度建立与受众的联系。相应地，新媒体广告创意的内容也要进行延展，不仅要考虑对第一级展示页面的创意形式，还要对受众点击进入后的下一级页面进行创意设计。例如，如何采用更为新颖的方式链接相关信息，如何全面展现产品或服务，如何增强受众的参与度，如何与受众互动，以及如何与其他线下活动建立联系等，都属于广告创意的新范畴。图6-7所示为"妖精的口袋"店铺的一级页面和二级页面。

图6-7　店铺展示页面

2. 创意维度的多样化

新媒体广告表现形态的多样化使新媒体广告具有丰富的创意维度。相对于传统媒体广告以展示型广告为主的单一维度而言，新媒体广告的表现维度更加多样化，既涉及广告的展示方式，还要考虑弹出方式、互动方式、响应方式等，在每个维度上都有发挥创意的空间。

例如，展示类广告有旗帜广告、按钮广告、对联广告、移动图标广告、摩天楼广告等，广告创意人员不仅可以针对任一种广告形式进行创意想象，还可以不断发展出其他类型的展示类广告。对于互动方式而言，不同的媒体终端和媒体形态也可以发展出各具特色的互动方式，例如，将品牌或产品嵌入游戏环节中，使受众在玩游戏的过程中潜移默化地接受品牌信息等。

图6-8所示为ASML（荷兰半导体设备制造商）推出的智力小游戏，受众利用各种镜子的反射原理完成光的路线挑战，最后可以查看排行榜，填写资料参与抽奖。通过小游戏，受众既可以感受动脑的乐趣，还可以温习光学方面的物理知识，而ASML用抽奖的方式提高了受众的参与热情。

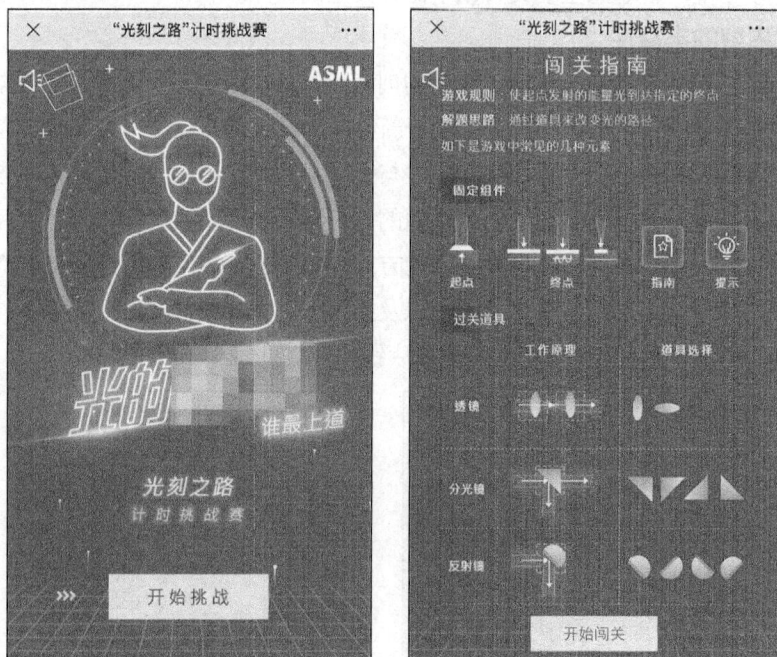

图6-8　将品牌嵌入游戏环节

3. 创意手段的技术依赖性

每一次媒体形态的深刻变革都源于技术手段的更新，对新媒体而言更是如此，附着于新媒体的广告创意与技术的运用密不可分。例如，二维码技术催生了以二维码为媒介的互动广告，受众可以用手机扫描二维码参与广告活动，获得品牌或优惠等信息；利用手机重力感应技术的互动广告也较为普遍，受众可以通过摇一摇等手段参与广告互动。

此外，虚拟现实技术可以让受众在广告画面中产生身临其境的感觉，这极大地丰富了受众的实景体验。一些汽车广告利用虚拟现实技术，让受众通过手机体验到汽车的强大性能，如图6-9所示。

图6-9　虚拟现实技术的体验

4. 创意平台的融合性

创意平台的融合性具体表现在以下3个方面。

（1）媒体融合

在传统媒体中，不同媒体形态间的广告泾渭分明，平面广告与影视广告之间基本没有交集。而新媒体广告可以利用各种技术手段，将不同的媒体形式通过新媒体广告创意进行关联，并借助多种媒体的共同作用提升广告创意的价值。新媒体广告不仅可以与平面媒体融合，还可以与户外媒体融合，也可以与广播媒体或电视媒体融合。

（2）内容融合

由于新媒体环境下受众的自主性有了极大的提高，受众更愿意在浩如烟海的信息中进行主动搜索和选择，而非被动接受。因此，新媒体广告创意的隐蔽性越来越强，往往将广告信息融入内容和其他信息之中，使受众在浏览内容和其他信息时潜移默化地受到影响。例如，原生广告就是内容融合的典型表现，如图6-10所示。

图6-10　将广告融入内容

（3）形式融合

形式融合主要体现为广告创意与其他营销手段的融合。在传统营销中，广告、公关、促销、销售等是截然分开的不同领域，广告传播品牌信息，公关维护企业与外界的关系，促销促进购买，销售直接带来业绩。而在新媒体环境下，各种营销方式之间的界限越来越模糊，一个营销事件往往既是广告，又是与受众沟通的渠道，同时涵盖即时促销活动，是整体销售的重要组成部分。因此，新媒体环境下的广告创意常常不是独立的广告作品，而是整体营销事件兼广告活动创意。

6.2 新媒体广告创意形成

创意是广告的灵魂，"无创意，不广告"的说法毫不为过。广告主题只是一种抽象的概念，无法让受众直接理解和感知，而广告创意是表现广告主题的手段和方法，其任务是通过创造意境和塑造产品形象来完成的。

6.2.1 广告创意形成的过程

广告创意的形成可以概括为"对原来很多旧要素做新的组合"。所谓的组合就是表现，而旧要素包括广告主题和与广告主题相关的产品、人物及其他事物。广告创意的任务是使旧要素通过创新的、独特的手段组合在一起，并呈现出一种不仅能够完美展示产品个性，还可以在消费需求与审美心理的沟通中使人们获得美的诗情画意。

广告创意的产生如同汽车生产一样，创意并非一刹那的灵光乍现，而是通过一连串看不见、摸不着的心理过程制造出来的，要经过一个复杂而曲折的过程，靠人脑中的各种知识和阅历累积而成。

广告创意的形成一般可以分为以下5个阶段。

1. 搜集资料

广告创意人员需要搜集的资料有两个部分：特定资料和一般资料。特定资料是指处理眼前问题（如确定产品信息、制订广告策略等）所需要的资料，一般资料是指平时不断积累的生活经验和知识。这两类资料都需要在市场中挖掘。

2. 分析资料

广告创意人员要仔细整理和检查搜集到的资料，列出广告产品与同类产品都具有的共同属性，并分别列出广告产品和竞争产品的优势与劣势，通过对比分析找出广告产品的竞争优势。同时，广告创意人员还要列出广告产品的竞争优势能够带给受众的种种便利，即诉求点；最重要的是找出受众最关心、最迫切的需求，即定位点。只要找到了定位点，就找到了广告创意的突破口。

3. 酝酿阶段

在这一阶段，广告创意人员要深思熟虑，将许多重要的事物有意识地进行组合；还需要反复比较与改进，去除创意中的不妥之处。

4. 顿悟阶段

创意的产生往往源于偶然的机会。并不是所有广告创意人员都能顺利地进入这个阶段，但在以上3个阶段充分准备的基础上，加上一定的市场调研经验与职业生涯经历，就有很大的概率实现顿悟。

5. 验证阶段

验证是广告创意形成过程的最后一个阶段。广告创意刚形成时常常是模糊、粗糙的，有很多不太合理的部分，因此广告创意人员要仔细推敲，对广告创意进行必要的评估和完善，这样才能使广告创意在定稿之后提升广告的营销效果。

6.2.2 广告创意表达的策略

创意是一种战术性的指导思想，其成功与否直接关系着广告经营的成败。进入新媒体时代，广告经历了媒介、受众、信息、诉求等一系列的变化，作为广告的灵魂，广告创意也必然要经历从内到外的策略调整。虽然广告创意的内容比较宽泛，但具体来说，其关键内容主要有两个：创意广告内容和创新广告媒介。因此，广告创意人员可以沿着这个思路制订新媒体时代广告创意的表达策略。

1. 从追求关注到构建体验，实现内容与受众的有效结合

在新媒体时代，广告诉求日益呈现出"圈子文化"的特征，即每个圈子的成立都是以受众共同的兴趣偏好、生活态度、价值观为基础而聚合的。在传统媒体时代，广告传播的创意思路通常是：先以市场调研的数据为参考设定一个广告主题，然后围绕这个主题构思广告创意活动，创作品牌故事，并重金聘请名人代言，或者营造"轰动"事件，最后再确定一个恰当的广告口号，以创意的精彩度来吸引受众的眼球，从而实现影响受众心智的目的。

在这种传播模式下，受众处于观看者的位置，虽然也会有短暂的参与和互动，但从本质上讲仍是一种自上而下的传播。图6-11所示为绿箭发布的口香糖广告，该广告采用的是传统的广告模式，只不过把广告从传统媒体转移到了网络视频平台。

图6-11 传统传播模式下的广告

全新的网络与新媒体技术手段赋予了当下的广告创意更多的内涵，Web 2.0技术所带来的充分互动的传播环境为广告创意人员构建受众虚拟体验空间提供了可能。数字时代的广告创意应该以直观的界面及真实的体验来打动受众，例如，优必选教育机器人公众号推出的H5小游戏广告（见图6-12），用户在广告中可以将自己的头像与登月太空服合成到一起，最后可以

领取免费航天课，以此激发用户的学习热情，为平台增加了潜在客户。

在Web 2.0时代，广告创意人员倾向于让受众成为广告创意的元素，使受众亲自参与广告传播的全过程，并成为广告的主角、代言人和意见领袖。因此，广告创意变革的重心是从"营造氛围，以吸引受众关注"转向"编织体验，与受众共舞"。

图6-12　虚拟体验空间

2. 从广而告之到准而告之，创造更具吸引力的内容

在传统媒体时代，广告的成功主要依赖于所选择媒介的传播力，凭借着大众媒介的强势传播，即使一个毫无创意的广告也能迅速被广大受众所熟知。然而，在新媒体时代，面对日益丰富的信息接收渠道，受众拥有了更多的媒介选择，传统的大众媒介再也不可能依靠一己之力，把缺乏创意的广告强推给受众。在多屏化、碎片化的网络与新媒体环境下，广告创意人员要有效地捕捉到信息和受众需求，并据此创造出富有吸引力的广告内容，以精准的方式投放给潜在受众。

在新媒体时代，有关传统媒介的投放计划和创意方式正在被边缘化，广告主逐渐减少在传统媒介上投放、策划和创意广告的投入，而是通过创造具有吸引力的广告内容，并利用新的传播方式来吸引受众，与其互动，激发受众产生共鸣，共同创造网络热点。

3. 从强迫推送到诉诸文化，用受众的沟通方式进行沟通

在网络与新媒体环境下，受众的生活方式、消费方式、信息接收方式都发生了巨大的变化，强迫推送已经无法适应新的传播环境，而品牌文化渗透与双向互动沟通成为广告宣传推广的主流。传统的"强推式"广告日渐消逝，取而代之的是"互动式"软广告，即依靠某种理念、文化，以一种"润物细无声"的方式影响潜在受众。

图6-13所示为金典有机奶在微博发布的广告，金典宣布将推出纸吸管环保装，传达其"有机生活"理念。正如"现代营销学之父"菲利普·科特勒所言，"一流企业做文化，二流

企业做品牌，三流企业做产品"。在生产力高速发展、产品极大丰富、供大于求的时代，文化已经成为广告创意的焦点。

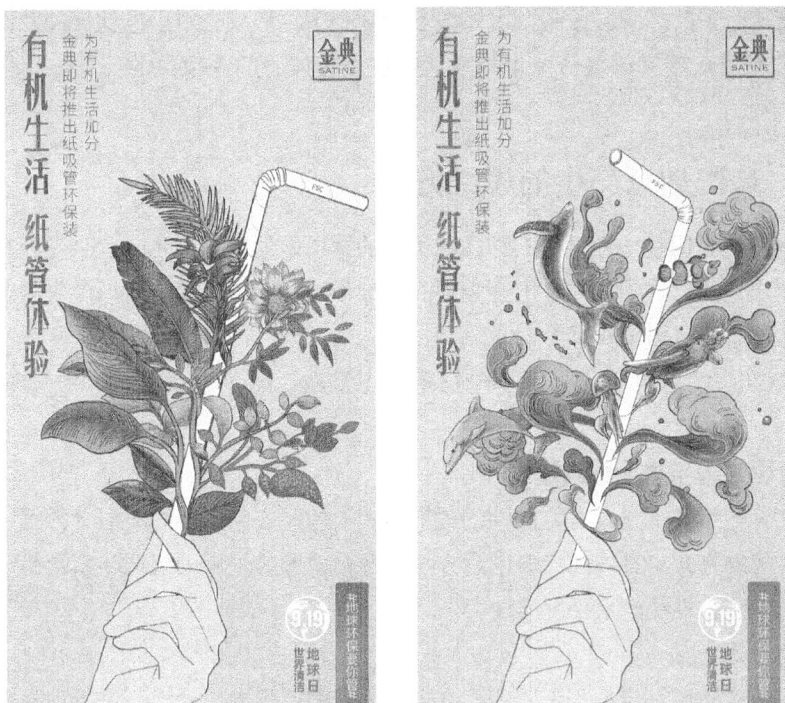

图6-13 金典有机奶在微博发布的广告

4．创新广告表现形式，增强视觉冲击力

对于广告来说，创意是永恒的主题。网络与新媒体技术的发展给予了广告创意更加丰富的表现手段。一般而言，只要广告创意吸引人，广告表现形式突出，就可以获得较好的广告效果。因此，广告创意人员要不断尝试新的广告形式，创新广告表达方式，以增强广告的视觉冲击力。

富媒体广告开始进入大众的视野，它含有2D及3D技术的视频、音频、超文本链接、矢量动画、动态文本链接等全媒体表现方式，不需要受众安装任何插件就可以播放视频、音频、动画图像等，具有双向信息通信和交互功能，能够提供更加丰富和多感官的接触机会，以及精美细腻的创意展现，使受众感受到强烈的视觉震撼及感染力。

5．创意媒介选择

完美的广告创意还需要选择合适的媒介，只有这样才能确保受众获得良好的体验。当前，广告受众处于一个信息爆炸的时代，电视、网络、手机以及户外的一些建筑、街道等都在传递着相关信息，可以说一切皆为媒介。新的传播环境促使广告创意人员在创造出色的广告内容的同时，还要有效地选择媒介，拓宽广告的发布渠道。

对于广告创意人员来说，任何与受众相关的接触点，如产品、服务、口碑及不断发布的每一条新闻等，都是广告传播的渠道，肩负着传达广告主品牌或产品信息的重任。在新媒体时代，除了报纸、杂志、广播和电视等四大传统媒体，新兴的网络媒体、手机媒体和人员推广外，其他所有能够展示品牌信息的事物都可以作为广告传播的载体。

众所周知，互联网给予了受众平等、创新和差异化的选择模式，而品牌是受众整体体验的总和。要想把广告主的品牌形象永久地植根于受众心中，形成一对一的伙伴关系，广告创意人员就必须开发与受众接触的每一个点与面，实现品牌体验的终极目的——与受众形成良好的互动。

6.2.3 广告创意产生的思维方式

广告创意虽然看似是一种灵感的结晶和机遇的结果，但它的产生一定会受到某种思维方式的指引。一个出色的广告创意一定不会受到旧思维和旧习惯的束缚，所以广告创意人员要想构思出好的创意，就一定要创新思维方式。

广告创意产生的思维方式是主要包括垂直思维法、水平思维法、发散思维法与集中思维法。

1. 垂直思维法与水平思维法

广告的创意思维方式是具有方向性的思维方式，按照方向的不同一般分为垂直思维与水平思维。这两种思维方式与具体的广告创意方法结合，就形成了英国心理学家爱德华·戴·勃诺博士所倡导的垂直思维法与水平思维法。

（1）垂直思维法

这种思维方式按照一定的思考路线，在一个固定的范围内自上而下进行垂直思考，侧重于通过重新组合已有的知识和经验来产生创意。采用这种思维方式产生的创意是建立在受众既定的心理预期基础之上的，往往在广告创意的呈现上趋向雷同。

（2）水平思维法

这种思维方式指在思考问题时摆脱已有知识和旧经验的束缚，摆脱某种事物的固有模式，打破常规，从多角度、多侧面观察和思考同一件事，从而提出富有创造性的见解、观点和方案。采用水平思维法产生的广告创意具有独创性，能够在众多的广告信息中凸显出来。

虽然水平思维法有益于新的创意产生，是广告创意人员构思创意的主要方法，但这并不意味着垂直思维法对广告创意来说毫无用武之地。水平思维法并不完全排斥垂直思维法，一旦通过水平思维法获得了某种满意的新构思，要想使其深入、具体，还是要运用垂直思维法，以对问题做更加深入的剖析与表达，所以两者经常被结合使用。

2. 发散思维法与集中思维法

广告创意思维方式的另一种方向是发散思维和集中思维，与具体的广告创意方法相结合，就形成了发散思维法和集中思维法。

（1）发散思维法

发散思维法通过已知的限定因素出发，进行各个方向的思考，发挥想象，寻求尽可能多的方案。这种思维方式要求不把思维局限在一个方向，可以通过类比、置换、头脑风暴等方式寻求更多的组合与变化。

类比：在一定标准的基础上，把几个相关事物加以对比分析，从而发现它们的内在联系。

置换：在现有对象的基础上进行分解，通过组合的方式将其改变，找出组合前后新旧事物的共同点，从而创造出新意向。

头脑风暴：又称脑力激励，也就是"集思广益"，由美国创意思维大师亚历克斯·奥斯本提出，就是通过组织会议的形式，利用集体的智慧进行创造性的思考，使其产生大量的观点，以求解决某一问题。

头脑风暴的具体组织形式为：每次与会人数不超过10人，时长为20～60分钟，事先要使每个参加者明确议题，然后围绕该议题自由发表各自的想法和意见。为了使与会者都能充分提出自己的设想，还可以做出如下规定：禁止批评，反驳留待会后；提倡自由思考，想法越新奇越好；会上不做判断性结论，会后再进行评价与整理；会上提出的构思数量越多越好；可以改进他人的构思，通过启发、联想或补充来产生新的构思。

因此，头脑风暴是在人人参与的浓厚氛围中，充分运用思维易被激发的特质，互相启发、互相激励，通过一连串联想、想象来积累创意，再从中选优的一个方式。

（2）集中思维法

在掌握众多材料和信息的基础上，从一个方向深入研究，以获得正确构思。这种思维方式一般用于广告创意的中后期，存在于创意构思深化、充实与完善的过程中。

经研究表明，大部分创意的形成需要集中思维和发散思维这两种思维。也就是说，广告创意人员一方面要保证自己的思维沿着一些不同的方向发散，另一方面还要同时运用知识和逻辑保证思维集中到最有可能采用的方案上，然后运用集中性思考、综合发散思考的结果，敏锐地抓住其中的最佳线索，使发散结果升华发展，最后导向最佳创新方案。

6.2.4 新媒体广告创意的方法

从创意方法上来看，新媒体广告与传统媒体广告具有一脉相承的共通之处，例如，在广告构图、色彩运用、广告创意元素的选择上，都遵循着广告创意的一般规律。同时，广告公司和广告主正在不断摸索基于新媒体特点的新的创意方法，其中如何发展交互性创意、精准化创意，以及如何与受众有效沟通是当前新媒体广告创意中的核心问题。

1. 交互性创意——寻求技术与媒体的有效融合

互动性是新媒体区别于传统媒体的最大特点之一，相应地，能够激发受众进行参与和互动也是新媒体广告创意中的最大亮点。尤其是随着手机媒体的广泛使用，以手机为终端或纽带的互动性广告有了更加广阔的发展空间。在新媒体环境下，要创作出具有特色的、能够体现交互特性的创意，关键在于找到技术与媒体特色之间的融合点。

（1）网络媒体的交互创意

对网络媒体来说，其最大的特点是可承载的信息容量大，拥有广阔的广告表现空间。此外，鼠标和键盘的使用更便于受众输入较长的信息，完成一些较复杂的操作，如互动游戏等。因此，网络广告创意可以充分挖掘广告画面的表现力和冲击力，通过受众感兴趣的话题或者能够调动其视觉和听觉注意力的表现形式来引导受众关注，进而使其产生点击行为，并在二级页面中通过多种互动环节的设置让受众融入其中。

（2）手机媒体的交互创意

手机媒体虽然屏幕较小，但因其移动性、便携性及高用户黏性等特性，在交互广告创意方面具有得天独厚的优势。目前，手机广告的交互形式主要有电话直拨、优惠券下载、重力感应、3D体验、应用下载、AR、手机游戏等，受众可以通过刮一刮、摇一摇等形式获得新颖的体验，如图6-14所示。尤其是HTML5技术在手机广告方面的应用，使手机广告的交互和体验更加多样化。

（3）媒体间的融合

媒体融合是近年来的热门话题，广告创意中的媒体融合也变得越来越普遍。尤其是随着智能手机的普及，二维码、蓝牙、重力感应等技术的应用大大加快了不同媒体间广告创意融合的步伐。

可以这样说，随着媒体间融合进程的加速，结合不同媒体的特点进行融合性的广告互动传播将是未来广告创意的重要发展方向。

图6-14 刮一刮、摇一摇

2. 精准化创意——以大数据手段为依托

对于传统媒体广告而言，广告创意策略会以一定的市场调查和产品分析为基础，但创意概念的产生大多源于感性认识和灵感突现，因此广告的艺术性常被提到一定的高度。而在新媒体环境下，功能强大的客户管理系统，以及受众的购买反馈、网页浏览Cookie等留下了大量精准化的数据。这些数据经过科学计算方法的提炼和分析，可以为新媒体广告创意提供更多的科学依据，使精准化创意成为可能。

广告创意的精准化主要体现在以下两个方面。

（1）创意诉求精准化

通过新媒体平台，广告创意人员往往可以比较轻易地获得诸如产品销售情况、受众评价、竞争对手情况等数据，然后充分利用数据分析的结果，为下一步制订广告策略、提炼广告诉求提供可靠的科学依据。

（2）广告创意与受众的匹配精准化

由于新媒体技术可以根据受众的浏览行为对受众进行多维度的分类，且新媒体广告发布技术的灵活性使对不同的受众发布不同形态的广告成为可能，所以广告创意人员应对相应的受众分类数据给予高度重视，根据受众类别分别创作符合其喜好和特征的精准广告。

3. 能有效沟通的创意——洞察用户心理

广告作为发展用户关系的桥梁，以用户洞察为基础，以用户听得懂的语言、喜闻乐见的形式、乐于分享的内容来发展创意，使广告取得良好的效果，进而建立用户关系的关键。具体来说，广告创意人员可以通过以下几方面发掘能与用户有效沟通的创意。

（1）以用户研究为基础

新媒体广告用户既有明显的个性化差异，又有相对一致的群体性特征。对目标用户的个性特点、消费行为和心理需求进行深入研究，有助于发掘与其相匹配的创意。

（2）借势社会热点

在新媒体的信息传播环境中，虽然媒介碎片化和信息爆炸使用户的注意力更为分散，但同时存在另一个现象，即每一个片刻、每一天都可能有几个热点事件通过朋友圈、社区论坛、媒体推送等方式发酵和传播，获得众多新媒体用户的共同关注，产生远超过传统媒体时代的关注度和影响力。因此，新媒体广告创意可以借助用户广泛关注的热点事件进行即时传播，以达到与用户产生共鸣的效果。

（3）寻找具有话题性的创意

由于新媒体具有转发和分享的便利性，因此广告创意人员可以发掘可能激发用户分享热情的具有话题性的创意，通过用户的二次传播发挥更大的影响力。

（4）创意娱乐化

新媒体具有泛娱乐性，新媒体环境下的用户对具有个性化、趣味性、娱乐性的内容具有较强的敏感性。所以在广告创作中，广告创意人员尽量避免使用枯燥乏味的技术性语言，而采用简易、平实、符合目标受众语法体系和习惯的语言来传达广告信息，还要注重广告创意的趣味性与故事性。

【课后习题】

1. 简述广告创意的基本原则。
2. 简述新媒体广告创意的特点。
3. 简述新媒体广告创意的方法。

第7章

新媒体广告的设计

学习目标

◆了解新媒体广告设计的特点和表现方式。

◆了解新媒体广告文案传播的特点。

◆了解新媒体广告文案创作的原则。

◆了解构思新媒体广告文案的基本步骤。

◆了解撰写广告文案的思维方法。

◆掌握广告设计的色彩运用。

◆掌握广告中创意字体、创意图形的运用。

当前，传统媒体模式已经很难完全满足社会大众以及媒体的需求，广告的设计表现手段及传播理念逐渐变得多元化，创意维度也由单一转为多维。新媒体极大地拓展了广告设计创意的形式，拉近了受众和广告的距离。新媒体广告设计可以最大化地呈现广告效果，提高品牌收益。在新媒体时代，广告设计一定要极具个性化、富有创意，只有这样才能吸引受众的注意，进而提升企业、品牌和产品的知名度。

(7.1) 新媒体广告设计概述

新媒体是新时代的主要传播方式，它重塑了信息传播流程，激发了各行各业的生产潜力。新媒体环境下的广告设计不仅改变了广告的传播形式，还为广告设计提供了更多的工具、手段和途径，其中的动态元素和互动环节更加合理，成为今后广告设计长期发展的主要方向。

7.1.1　新媒体广告设计的特点

随着广告设计行业的高速发展，广告设计在信息的呈现方式上要大胆创新，而广告设计人员借助新媒体技术能够完美地呈现广告设计构想，这正是新媒体广告设计的巨大优势。新媒体广告设计具有以下特点。

1. 内容设计更显互动性

在新媒体环境下，很多行业都表现出较强的互动性特征，而广告设计行业则更加明显。从某种意义上说，互动性是广告设计在新媒体时代彰显出的一种重要特性。

毋庸置疑，受新媒体环境的影响，广告内容更加丰富、富有创意、多元，形式也更加多变，不仅能够满足受众日益增长的文化需求，还能在广告信息互动传播的过程中实现与受众零距离的交流与互动，形成以受众、媒介及广告信息发布者等为主体的一种网络互动体系，这更能体现出广告在多媒体信息环境中的互动价值。

2. 创意设计更追求个性化

创意一直是广告设计者所追寻的共同目标。在新媒体时代，受众对广告的创意性要求更高，这就需要广告设计者在创作实践中不断融入与众不同的个性化元素，设计出独树一帜、标新立异的广告内容。简单来说，就是要追求个性化的广告创新。新媒体广告设计不能仅靠追求所谓的雷同化创意来博得受众的眼球，而是要针对市场需求，对受众需求进行严格分类，有针对性地进行广告设计。

在这个追求个性化消费的社会中，私人订制式的个性化创意设计更能对受众起到刺激和引领作用，发挥广告创意的重要价值。例如，广告设计者可以在广告设计中融入更多的时尚流行元素，让这些元素贯穿整个广告设计的始终，这样的广告不仅能够很好地完成广告信息传递的任务，还能为受众带来酣畅淋漓的个性化视觉体验。

3. 视觉传达更加人性化

视觉传达的人性化是新媒体广告设计呈现出的一种新特性。人性化的设计理念是广告设计当下发展乃至未来发展所应渗透的一种设计思想，它要求设计者在广告设计中尽可能地增加一些人性化的设计元素，如情感、情绪、情调、神态等，或者文化、审美等。

简而言之，广告艺术不仅要在视觉上给人以强烈的冲击力，还要使受众获得心理或精神上的欢乐与愉悦。在新媒体时代，广告类型越来越多，各种各样的广告信息铺天盖地，很多受众开始厌恶广告，甚至对广告视而不见。如果广告设计人员只想凭借生硬的文字和图片来引起受众的关注，恐怕会大失所望。

只有在新媒体广告设计中丰富信息传递形式，由单纯的文字、图片传递向文字、图片、音频、视频等多元形式过渡，并融入更多的人性化因素，才能使受众更乐意接受广告信息。

4. 广告表现更加多元化

在新媒体时代尚未到来之前，报纸、杂志、广播和电视等传统媒体的传播是主要的广告表现方式，而新媒体时代到来后，广告表现并不仅限于这些方式，而是发生了翻天覆地的变化。总的来说，广告表现的多元化主要体现在以下两个方面。

其一，与不同的传播媒体结合，呈现出不同的表现形式。新媒体广告具有灵活性、多变性，所以在不同的多媒体传播平台上会有不同的广告表现形式。

其二，多元文化融合后，广告植入在近年来很流行。这种形式就是将多种广告文化进行融合，将其浓缩在同一部影视作品中进行表现，这样可以产生良好的广告效果。

7.1.2　新媒体广告设计的表现方式

在新媒体技术的支持下，现代广告的表现手段变得更加多样化，能够将传统媒体中相互分离的元素，如文字、图形、声音、影像等有机地结合到一起。基于这些元素的结合，广告设计的表现手段和范围相对以往也有了很大的扩展，并且能够触达受众的全部感官，使受众拥有不同的视听感受，从而加深广告对受众的影响力。

在新媒体环境下，广告设计的表现方式有以下几种。

1. 广告图形设计变得精细、抽象

在新媒体技术的支持下，很多广告的图形设计变得极其精细、抽象，是一种用传统手绘方式很难绘制的有机图案。例如，越来越多的广告开始使用矢量图作为广告创作的元素，这样既能体现其原创性，相对于以往的摄影图片和图库图片又更具表现力，这让越来越多的设计师在设计广告图形时不再局限于图库或摄影图片。利用计算机创作的矢量图可以按照任意倍数进行放大或缩小，但画面的品质不会受到影响。这类图形相对传统手绘图形来说具有更强的操作性，结合夸张的色彩，可以营造一种时尚、前卫的氛围，能够很快地吸引目标受众，成功地传达广告诉求。图7-1所示的周黑鸭的广告就采用了这种广告图形。

图7-1　周黑鸭的广告

2. 以动态化的方式表现广告

在新媒体广告设计中，广告形式除了继续沿用二维和三维的静态表现方式以外，新媒体动态化这一特点在广告设计中也被运用得更为广泛。这种表现形式突破了传统印刷媒体的范畴，将各种用来传递信息的动态元素进行有机组合。在新媒体中，动态元素主要有动画、音频和视频文件等。

音频除了用来传递信息外，还能配合动画或视频文件，用来增强整个广告的表现力。背景音乐和动画在广告中的运用可以营造出一种感染受众的更具表现力和情节感的氛围，受众在浏览广告的同时会被这些动态元素唤起某种特殊的情感，从而加深对广告的印象。

动态广告能够以不同的形式呈现：可以作为局部的视觉元素出现，在页面的某个位置滚动播放；也可以使文字、图形以闪烁的样式在页面的小面积范围内出现；或者采用全屏形式，在打开页面的同时在页面中央弹出广告动画。

3. 以非线性的方式表现广告

线性编辑意味着叙事方向的单一性，而非线性是一种相对于线性编辑来说更为便捷的剪辑手段，其叙事方式是从任意一点开始，向任意一个方向发展。非线性既是数字媒体的技术特征和编辑手段，也是视觉传达的一种新的思维方式和观察视角。

非线性的表现形式是基于对现代社会环境和受众需求的理解而产生的，这种形式在新媒体背景下的网络中得以发展和普及，超链接等方式的存在允许接收方可以在任何时刻跳转到更感兴趣的信息内容上，一个页面跳转至另一个页面只需点击即可，这种便捷的方式能够让受众更自由、更快速地获得详细的广告信息。

7.2 新媒体广告文案的策划

文案工作是一个企业品牌推广最核心的工作，好的文案能让受众过目不忘，直达心扉，引起共鸣，进而激起受众的购买欲望。由此可见，好文案是获得良好广告效果的重要基础。

7.2.1 新媒体广告文案传播的特点

新媒体广告文案与传统文案具有共通性，但由于新媒体广告文案投放渠道的不同，以及受众阅读习惯的变化，新媒体广告文案传播与传统文案传播也有所不同。新媒体广告文案具有发布成本低、传播渠道及形式多元化、更强的互动性、目标人群更精准、文案易被受众再创作特点。

1. 发布成本低

传统媒体广告的成本一般较高，而随着新媒体的兴起，企业的广告信息发布成本逐步降低，企业不断地将品牌推广预算转移到新媒体上。图7-2所示为2013—2020年中国网络广告市场规模及预测，数据显示2013—2020年网络市场规模一直在不断增长。这说明很多企业已经将广告投放渠道转向新媒体。

图7-2　2013—2020年中国网络广告市场规模及预测

2. 传播渠道及形式多元化

新媒体广告文案的传播渠道包括但不限于微博、微信公众号、短视频、QQ空间、知乎等。很多企业为了占据更多的渠道，会将同一信息根据渠道受众的不同而运用不同的文案进行发布。传播形式的多元化让新媒体广告不仅能够以文字的形式发布，还能采用图文、视频、音频、游戏等多种形式进行发布，这让广告形式实现了多元化呈现。

3. 更强的互动性

相对于传统媒体来说，新媒体广告文案传播不再是单向输出，受众可以借助微信、微博、抖音、快手等社交平台直接与企业品牌方沟通互动，从而使企业达到品牌传播或产品销售的目的。例如，通过游戏互动或微博转发抽奖赠送优惠券，通过微信服务号提供更好的售后服务等。

4. 目标人群更精确

新媒体各平台的人群特征十分明显，例如，职场人群喜欢通过微信订阅号和朋友圈传播信息，而"00后"则更倾向于通过QQ空间、微博、抖音、哔哩哔哩等来传播信息。另外，受众在新媒体上的各种行为均会被记录为数据，因此企业可以根据自己的目标受众有选择地进行相关信息的推送及广告投放，例如针对结婚人士推送生活用品等。

平台自身基于对数据的处理，也能向不同人群推送不一样的信息。例如，淘宝可以根据用户的浏览记录、往期购买服装的风格类型、所购买服装的价格区间等数据推送相应的服装，以便更好地促成交易；今日头条可以根据用户经常浏览的新闻类型，有选择地推荐个性化内容。企业也可以运用对应平台上与自身相关的数据对不同的目标人群进行精准营销。

5. 文案易被受众再创作

2019年春节期间，电影《流浪地球》上映。影片里反复出现的一句行车安全提示语——"道路千万条，安全第一条"，成为观众热议的话题。随着这一话题在社交媒体上的传播，这句行车安全提示语衍生出了新的形式，如"健康千万条，睡眠第一条""护肤千万条，科学第一条"等。"××千万条，××第一条"成为2019年年度流行语之一。

通过这个案例可以看出，新媒体广告文案更乐于让每个受众都能进行二次创作，并鼓励受众分享其二次创作的内容。

基于以上特点，新媒体广告对文案的要求比传统文案更为大众化，更追求短、平、快。

• **短**。文案能短则短，这样能够快速吸引目标受众的注意力，并将最核心的信息表达出来。

● **平**。新媒体的特性决定了品牌不能高高在上，而是要通过平实、亲近的语言与目标受众进行有效的沟通。

● **快**。因为新媒体传播信息十分便捷，所以新媒体广告文案的反应也要快，要及时跟进网络热点，快速产出。

7.2.2 新媒体广告文案创作的原则

随着新媒体广告业的不断发展，广告文案的创作已由简单的文案写作转变为实效性强的概念创意。消费者可能不会喜欢文案创作者玩创意的噱头和纯粹的文字游戏。一名合格的广告文案创作者必须遵循以下原则，紧抓传播要点，突出传播主题。

1. 主题突出原则

新媒体广告文案的立足点在于连接产品和受众，寻找巧妙的语言表述。一旦传播主题确定了，所要表现的东西便无比清晰。

新媒体广告文案的市场取向包括两项指标：一是广告文案能够有效地促进产品销售，使受众了解产品给自己带来的利益，可以称之为促销力；二是广告文案能够有效地塑造企业和品牌形象，为产品的长期销售奠定基础，可以称之为塑造力。

2. 实效性原则

实效性就是新媒体广告文案一定要为广告目的服务，做到实用、有效，避免片面追求文案的华丽。如果广告目的在于短期促销，那么就要以能否促进销售，以及能在多大程度上促进销售作为评价该广告文案的标准；如果广告目的在于塑造品牌形象，那么就以能否提高品牌认知度和美誉度作为评判广告文案的标准；而公益广告的实效性在于能否提高公众对公益事业的认识，能否产生良好的社会效应。

3. 真实性原则

真实性原则是指新媒体广告文案必须实事求是地反映产品的特性、功能、价值及相关服务，不能言过其实，还必须做到措辞准确、贴切、清楚明了，不能含糊不清。这是新媒体广告文案的基本规范，缺乏真实性的广告其实是最被受众厌恶的。

4. 原创性原则

原创性原则要求新媒体广告文案的写作要新颖独特，富有创造性，既不能重复或模仿别人，也不能重复或模仿自己原来的作品。目前市场上就有很多广告文案存在模仿行为，这不仅对广告文案创作者非常不利，还是对广告客户的一种不负责任的表现，同时也会降低受众对产品的信任度。

7.2.3 构思新媒体广告文案的基本步骤

大多数文案创作者在接到新媒体广告文案的写作任务时，马上想到的就是根据材料直接撰写，但是采用这种方式写出来的广告文案往往不能一次通过，大概率会被退回要求修改。为了避免或者减少这种情况的发生，文案创作者在写新媒体广告文案时首先要考虑这样一个问题——撰写这个广告文案最终是为了解决受众的什么问题？我们一定要清楚，优秀的新媒体广告文案不是文字的简单组合，并非只要文笔过关即可，还需要对市场有深刻的洞察。

虽然一句新媒体广告文案可能只有短短几个字，但这看似简单的广告文案的背后往往是文案创作者的辛苦付出。文案创作者要完成产品调查研究、竞争对手分析、目标人群分析等一系列工作，最终才能确定产品定位。实际上，准备文案的时间可能已经远远超过了写文案的时间。

新媒体广告文案写作的步骤基本上可以分为以下4步。

1. 明晰文案的写作目的

广告文案的写作目的不同，其写作思路和方法也就不同，所以文案创作者首先要明晰广告文案主要的写作目的，到底是为了传播品牌，还是促进产品销售，或者是为了推广产品。

如果新媒体广告文案的写作目的是传播品牌，那么文案创作者就要考虑如何让文案内容符合品牌风格，引起受众的共鸣；如果写作目的是促进销售，那么文案创作者就要考虑如何让受众感觉到自己需要这款产品，对品牌产生信任，并且能够马上产生购买欲望，付诸购买行动；如果写作目的是推广产品，文案创作者就要考虑如何让受众感觉到这个活动非常有吸引力，值得参与，而且参与的门槛低。

2. 梳理文案创意简报

文案创意简报又称创意纲要，在广告公司的作用主要是指导新媒体文案的创意、撰写及制作。文案创作者梳理文案创意简报是为了新媒体广告文案的最终出品。

新媒体文案创意简报要梳理清楚3个主要问题，分别是对谁说，说什么，在哪儿说。新媒体广告文案写作与人们的日常沟通一样，沟通对象不同，对话的形式和内容也不同。这3个问题同样是新媒体文案写作前期需要重点关注并梳理清楚的，只有弄清楚了这3个问题，文案创作者在撰写新媒体文案时才会更有方向性。

（1）对谁说

所谓"对谁说"，就是指新媒体文案是写给谁看的，即对目标人群的分析。从行为学、人口统计学、消费心理学的角度来看，文案创作者要考虑谁是潜在受众，其典型的个性特征是什么。

（2）说什么

在了解了"对谁说"之后，文案创作者要考虑"说什么"，即新媒体广告文案要以什么方式去说服受众相信产品并记住产品。这就需要文案创作者深入挖掘产品的卖点，对比竞争对手，突出自身产品的独特性和巨大优势。

（3）在哪儿说

文案创作者要根据目标人群选择恰当的媒体和适当的时间发布新媒体广告文案，有时也需要根据不同媒体发布不同形式的新媒体文案内容。

有些广告公司的文案创意简报很复杂，而有些公司的文案创意简报比较简单。一般来说，文案创意简报包含3个部分，如表7-1所示。

表7-1　文案创意简报的组成

组成部分	内容
目标说明	简要说明新媒体广告文案的目的或要解决的问题，也包括产品、品牌的名称、消费者描述等
支持性说明	对支持产品、品牌卖点的证据进行一个简要的说明
品牌风格说明	对产品、品牌风格的一些说明或者传达品牌价值

新媒体广告文案创作者在对工作项目有了基本的了解之后，需要进一步挖掘工作项目的详细信息，对项目了解得越多越有利，尤其是"对谁说""说什么"部分，这是广告文案写作前最核心的工作。

3. 撰写广告文案创意

在对文案的写作目的、目标人群、竞争对手及产品卖点有了明确的认识之后，文案创作者要找到本次新媒体广告文案要解决的问题，然后结合媒体投放渠道的不同特性进行创意思考，进而完成新媒体广告文案创意的写作。

4. 新媒体文案复盘

新媒体文案复盘主要是对做过的工作进行再次梳理与总结。文案创作者可以通过受众的反馈将文案工作中的缺点和优点进行总结，对于优点要继续保持下去，对于缺点需要做出进一步的修改并记录下来，以便下一次写文案的时候进行参考。

7.2.4　撰写广告文案的思维方法

当撰写广告文案成为日常工作，就不能只依靠灵感爆发，而是要凭借一些技术性的手段来帮助文案创意捕捉语言。下面介绍5种比较实用的广告文案创作思维方法，分别是思维导图联想法、MECE分析法、FAB介绍法、规范信息法和数字效果关联法。

1. 思维导图联想法

思维导图也称脑图，是用一个中央关键词或想法以辐射线形连接所有的代表字词、想法、任务或其他关联项目的图解方式。思维导图的主要作用就是把头脑中的杂乱信息按照一定的条理可视化地进行展现。文案创作者可以利用思维导图记录联想的关键点，综合分析与判断联想词和产品或活动之间的联系。尤其是在只有简单信息而宣传方向、理念还未确定的阶段，思维导图会在尽可能大的范围内给予文案创作者提示，辅助其把握和规划思维脉络。

例如，假设某广告公司要为某电子书App撰写广告文案，文案创作者就要思考这款App适合的目标人群和要解决的问题，此时文案创作者可以制作出如图7-3所示的思维导图。

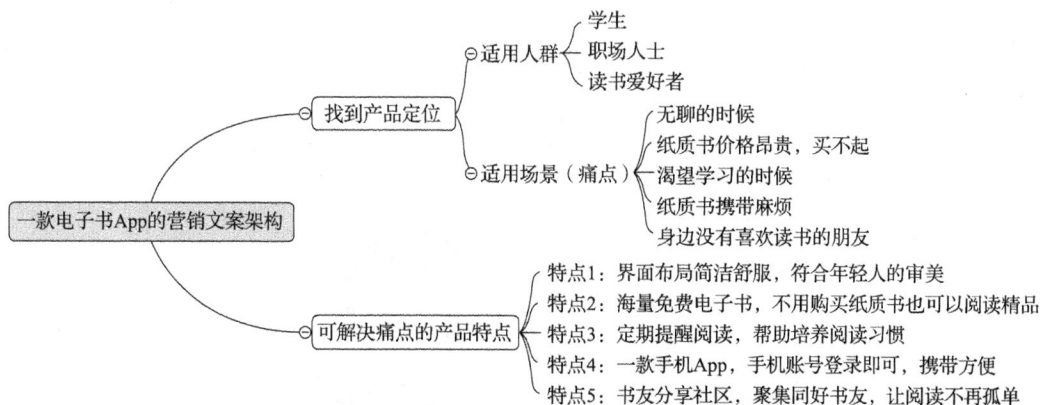

图7-3　思维导图

2. MECE分析法

MECE（Mutually Exclusive Collectively Exhaustive）分析法是麦肯锡顾问公司的咨询

顾问芭芭拉·明托在金字塔原理中提出的一个重要原则，即"相互独立，完全穷尽"。"相互独立"意味着细分问题在同一维度上是有明确区分、不可重叠的，"完全穷尽"则意味着全面、周密。这种方法的重点在于帮助文案创作者找到所有影响预期效益或目标的关键因素，并找到所有可能的解决办法。这种方法乍看起来与前面所说的思维导图联想法很相似，但实际上与其有着本质的区别。文案创作者可以使用思维导图寻找某产品与其他产品的关联，那么MECE分析法就是要拆解该产品本身，尽量完善地把属于该产品的元素分门别类地列举出来。

文案创作者在创作一句话文案时，要想运用MECE分析法，可以借助九宫格列举产品优势，将产品或品牌放在中间，围绕这个词在周围罗列内容。这种方法的好处是得来的文案可以比较准确、全面地把握产品特点，虽然文案内容未必从九宫格中直接提取，但在文案创作方面不至于显得太过空泛，即使不能出类拔萃，也不会跑偏，可以做到言之有物。

3. FAB介绍法

FAB是指属性（Feature）、作用（Advantage）和益处（Benefit），即产品有什么属性，这个属性有什么作用，以及这个作用可以给用户带来什么益处。

FAB介绍法实际上就是创造产品与用户的关联，或者说是创造与用户需求的关联。很多文案单独看都很有创意，但一拿到具体场景中往往效果不好，有很大一部分原因是用户认为文案所说的内容与自己没有太大的关联。要想用一句话文案迅速打动用户的心，文案创作者就要在文案中落实FAB介绍法。例如，在服装销售中，某服装使用的是纯棉材质，根据FAB介绍法可以写出这样的文案："纯棉材质，吸汗透气，夏日出行，每时每刻展现清爽风采。"

4. 规范信息法

在《麦肯锡教我的写作武器：从逻辑思考到文案写作》一书中，作者高杉尚孝将信息分为3类：记述信息、评价信息和规范信息。

- **记述信息**：不包含判断好坏的信息，是对事物的客观描述。
- **评价信息**：包含判断好坏的信息，包括主观评价。
- **规范信息**：表示事物应有的状态，或者人应该采取什么样的行动。

在一句话文案创作中，所谓规范信息可以是建议、要求，也可以是人们在日常生活中默认要遵守的准则。也就是说，一句话文案最好可以发挥出"我就是标准，你们直接照做就可以"的引导力。图7-4所示为携程旅行的一句话广告文案。

图7-4 携程旅行的一句话广告文案

5. 数字效果关联法

这里所说的数字并非指销售数字，如"年销售额突破5000万元""连续3年蝉联销售额第一"。虽然使用销售数字也是一种有效的方法，但是传达的内容比较单一，而且这些数字与产品本身的特性并无直接联系。而用户能否对产品产生兴趣和需求，往往是看产品特点及使用产品后产生的效果。

文案创作者可以采用"低门槛数字+产品效果"这一文案框架来撰写新媒体广告文案。文案的前半句是低门槛数字，如"7天""3步"等，如果数字过大，会让受众觉得操作成本太高，难以看到效果，很有可能放弃购买；后半句用来展现产品的效果，如"快速学会××""赶走一身疲惫"等。

7.3 新媒体广告的视觉设计

视觉设计是针对眼睛功能的主观形式的表现手段和结果。广告视觉设计的要求是给受众以视觉上的冲击，让受众眼前一亮，觉得广告画面新颖独特，从而留下深刻的印象。

7.3.1 广告设计的色彩运用

在新媒体广告中，色彩设计成为重要的广告表现手段，极大地影响着新媒体广告的宣传效果。不同的色调留给受众的印象不同，广告色彩的调配需要考虑两个方面，一是广告主题的需要，二是受众对色彩的心理反应。

色彩能使人产生情绪上的波动，引导受众的情感。由于广告主题的不同，色彩营造的方向自然就会有差异。由此可见，广告的配色首先要符合其主题，考虑画面色彩对受众的心理影响；其次，从审美上看，画面要有明确的色彩主调，颜色的搭配要自然、协调，使广告达到良好的宣传效果。

1. 把握色彩基调

所谓色彩基调，就是画面中呈现的整体色彩倾向。简单来说，将不同的色彩通过适当的搭配进行统一、协调的有机结合之后，广告画面中起主导作用的色彩就是这个画面的色彩基调。色彩基调是整个广告画面的"表情"，能够将广告整体的色彩印象留给受众。图7-5所示为周大生七夕广告，其背景是礼盒、礼物、气球、玫瑰花等物品，整体色调为粉色，与七夕节的氛围非常契合，给受众一种浪漫感和温情感，容易打动受众的内心，给受众留下良好的印象。

2. 对比与均衡

色彩的对比是指利用色彩相互之间的差异性来刺激受众的视觉，而色彩的均衡就是画面中的色彩在明度、纯度和色调上呈现的一种稳定感。有的设计者为了追求画面的平衡感而使用大量的均衡色，这时自然需要一些对比色来提升广告的亮点，使画面的色彩维持在一个和谐的状态。

图7-6所示为奔驰新品广告，其版面使用了大量的蓝色，具有强烈的视觉冲击力，而文案"无畏开场，即是秀场"也很新颖、响亮。为了凸显对比，广告画面使用了橙色、白色、红色，与蓝色在面积上形成了均衡，整体画面在色彩对比强烈的同时呈现出平衡感，使广告效果更加突出，令受众印象深刻。

图7-5　周大生七夕广告　　　　图7-6　奔驰新品广告

在许多新媒体广告作品中，视觉主题的色彩在色相、纯度、明度等方面有明显的视觉差异感，这种色彩上的对比能够营造出别具一格的画面效果。但过于刺激的画面容易让人产生视觉疲劳，这时设计者会运用一些艺术手法减弱色彩的冲击力，从而使画面变得相对舒适、平缓。

3. 掌握节奏

色彩的节奏是指画面中的色彩整体偏向于某种特殊的色调属性，设计者可以通过调控色彩节奏来实现画面色调的一体化。设计者可以通过色彩的节奏感来明确广告色彩的指向性，例如，家具广告要营造温馨的气氛，食品广告要展现食物的美味等；也可以通过掌握节奏来突出广告的诉求点，使广告的主题内容达到良好的宣传效果。

图7-7所示为某品牌冰淇淋广告，该广告画面的整体色调柔和、唯美，与粉色的版面及冰淇淋的色彩形成了色调和明度上的对比，使画面整体色调呈现出节奏感。

图7-7　某品牌冰淇淋广告

色彩节奏也指色彩的明度、纯度等要素在广告画面中呈现出有规律的变化。对色彩节奏的理解反映了一个人对色彩的审美习惯。广告的色彩美感具有主观性和可变性。设计者应通过对色彩节奏的充分理解，做到与受众的审美合拍。

4．画面分割

在色块之间用另一种色加以分隔，就称之为分割。分割可以增强对比过弱的色彩效果，使其变得清晰、明快；或者削弱对比过强的色彩，使其变得和谐、统一。分割使用的色彩以非彩色的黑、白、灰为宜，这样更容易获得鲜明而和谐的效果，如图7-8所示。

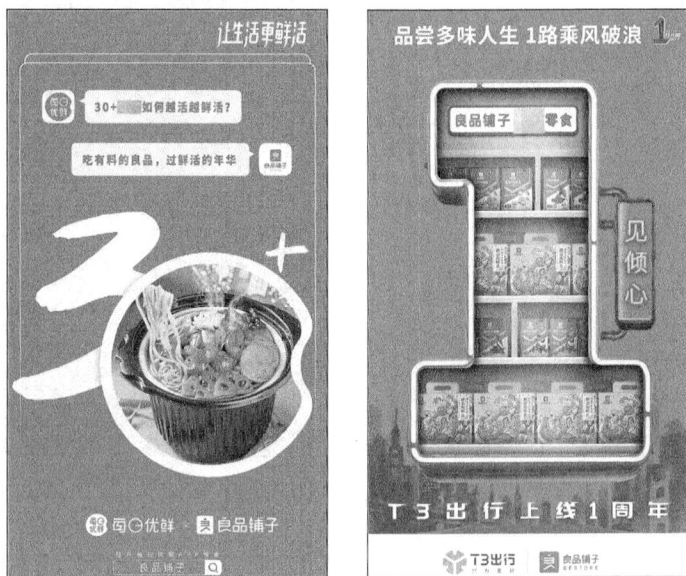

图7-8　画面分割

5．色彩渐层

色彩渐层指色相或明度之间的过渡性改变，是一种有规律的变化，通过某种颜色的渐层阶梯增强色彩的表现力，使画面的视觉元素充满律动之美。渐层色是柔和晕染开来的色彩，从明亮到灰暗，或者由深及浅。设计者可以通过灵活运用渐层色很好地凸显广告的主题，如图7-9所示。

图7-9　色彩渐层

7.3.2 广告中创意字体的运用

字体设计是新媒体广告设计的重要组成部分，常用于广告海报、横幅广告等的设计中。在新媒体广告设计中，创意字体的运用主要有以下8种方式。

1. 立体空间

立体空间方式就是把广告文字按照立体结构设计，通过颜色差异、阴阳、线面等方式形成空间感和立体感，从而提升整体画面的设计感，如图7-10所示。

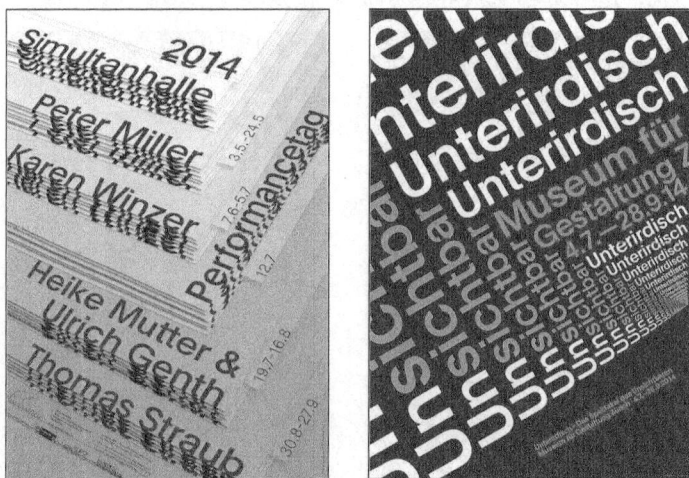

图7-10　立体空间设计

2. 色彩叠加

运用色彩叠加的方式可以将多种不同的色彩统一到一个色彩体系中，这种叠加并不一定要非常清晰和准确，但要求整个设计呈现出更具风格的一面。很多新媒体广告设计都会采用高饱和度的色彩来进行叠加，以增强文字与图像内容的对比度，如图7-11所示。

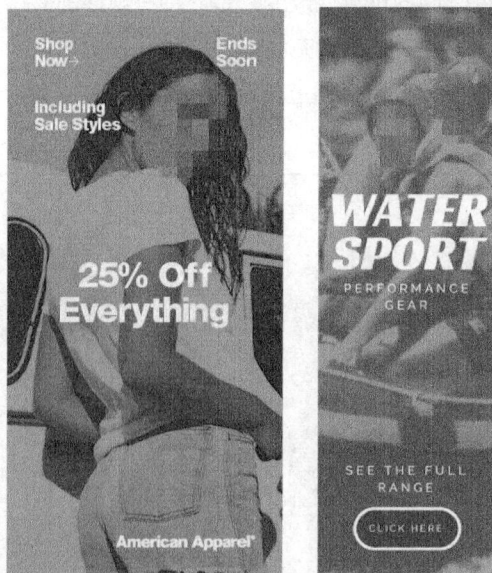

图7-11　色彩叠加设计

3. 扭动变形

文字扭动变形可以让文字具有动态感和律动感，提升文字的装饰性，如图7-12所示。但需要注意的是，文字的扭动变形不能影响其识别性和阅读感。

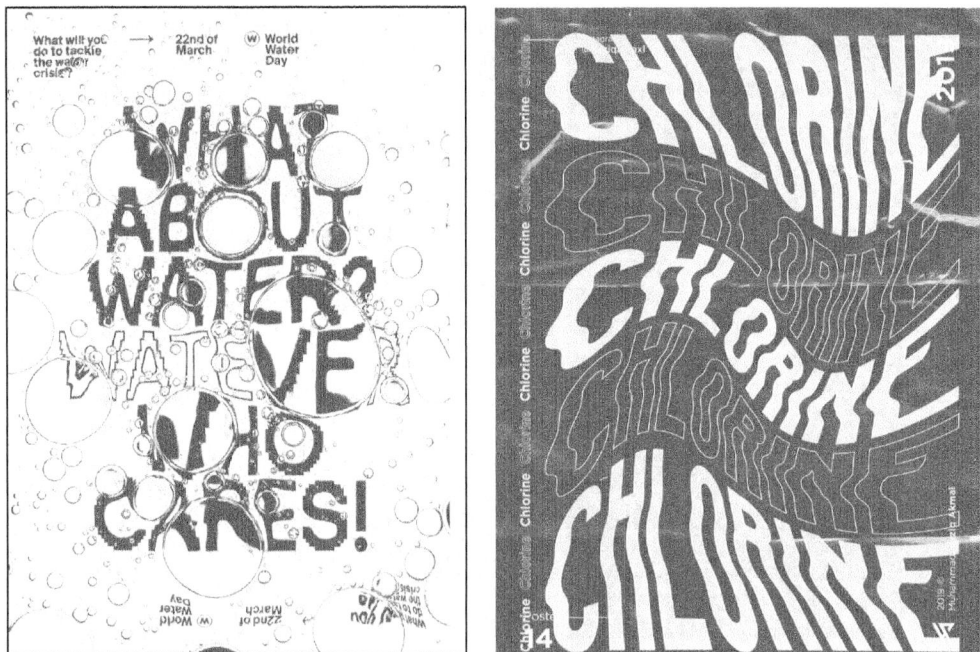

图7-12　扭动变形设计

4. 蒙版穿透

设计者可以通过蒙版穿透的设计方式，将简单的文字和背景进行穿透融合。这种方法既能提升背景的层次感，又让文字变得具有设计感，如图7-13所示。

图7-13　蒙版穿透设计

5. 重复排列

设计者通过对文字进行重复排列设计，不仅可以使文字具有张力和一定的速度感、放射性，还可以使整个画面如同向四周展开的波纹，具有延续性，如图7-14所示。

图7-14　重复排列设计

6. 虚实结合

虚实结合是一种线面或阴阳的设计手法，设计者通过对画面进行虚实的艺术处理，可以让画面多一些透气感和空间感，使设计感更强，如图7-15所示。

图7-15　虚实结合设计

7. 拉伸文字

采用拉伸变形的处理手法可以让文字更有张力，更能渲染广告画面的整体氛围，既能满足阅读的需要，同时又具有设计感，如图7-16所示。

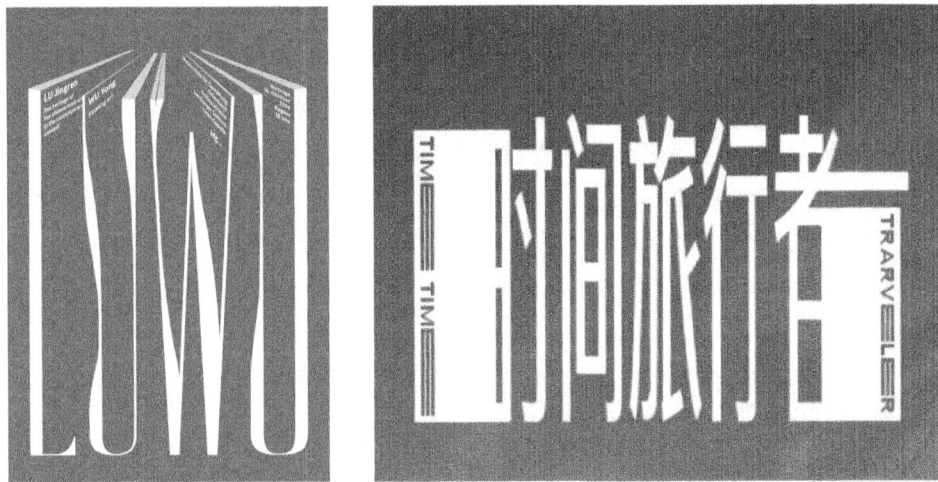

图7-16　拉伸文字设计

8. 底纹肌理

区别于图形化的纹理，把文字作为底纹肌理呈现在广告画面中，既有设计感，又可以辅助传达一定的文案信息，如图7-17所示。

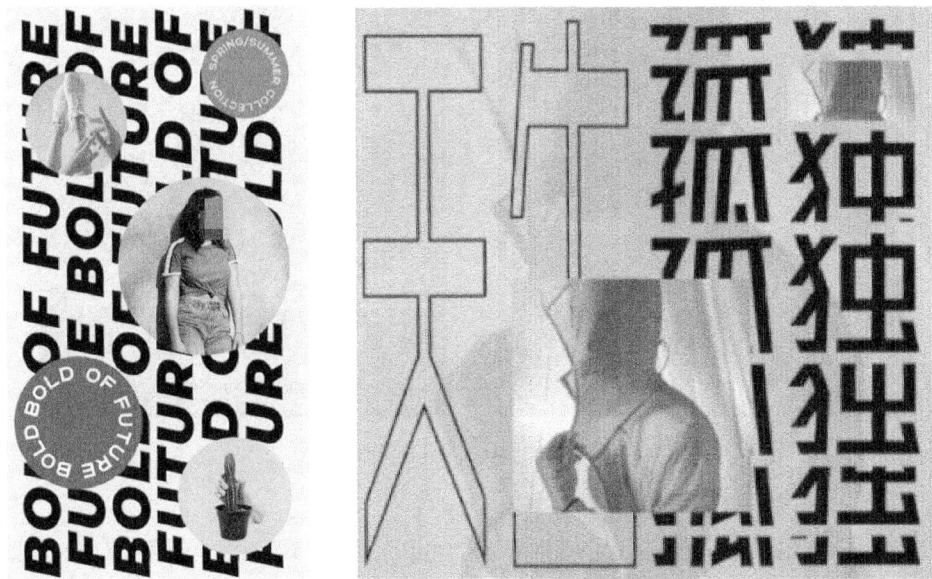

图7-17　底纹肌理设计

7.3.3　广告中创意图形的运用

基于创意图形的变化特征以及新媒体广告信息传播的需求，设计者在运用创意图形时要遵循关联、独创、沟通、形象追求、形式追求的原则。

1. 关联

创意图形并非天马行空的凭空想象，而是结合实际生活环境、情景、经历和文化背景等所衍生出来的创意表达。设计者将创意图形应用于新媒体广告中时，要让广告受众看到广告之后就能一目了然地了解广告的主题思想。

2. 独创

每个广告作品都意味着当前某种产品或服务的推出，而要想使广告作品获得成功，帮助产品或服务获得市场优势，就要在广告中表现出该产品或服务与同类型产品或服务的不同及优势。因此，设计者一定要保证创意图形内容的独创性，让广告受众看到广告后不会联想到其他品牌的产品或服务，并对广告中的产品或服务形成深刻的印象。图7-18所示为三只松鼠的广告作品，其松鼠形象早已成为三只松鼠品牌的标志，用户一看到这些小松鼠就能立刻想到三只松鼠品牌。

图7-18　三只松鼠的广告作品

3. 沟通

广告是一种信息的载体形式，其内容要表达一定的情感，具有良好的信息传递功能，这样受众才能从中获得信息，并对信息产生兴趣和好感。因此，设计者在将创意图形融入广告作品中时，可以借助幽默、拟人、暗示等手法，使广告作品具备"以情动人"的特点，创造出广告独特的信息传递内容。图7-19所示为特仑苏发布的广告，内容是在"男人节"这一天向男性消费群体提出倡议，号召其与好兄弟一起，在晚上下班后"喝点更好的"。该广告在向男性消费群体表达关心的同时，传达了"特仑苏是一种更好的饮品"的观点。

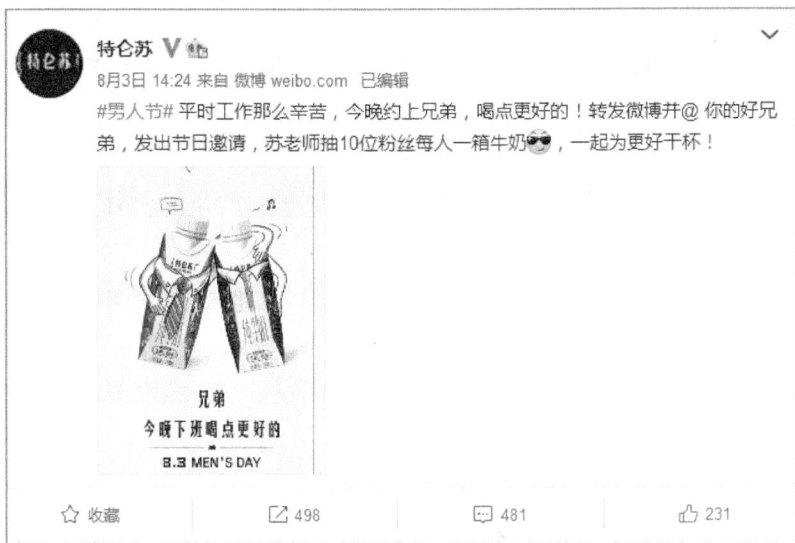

图7-19 特仑苏发布的广告

4. 形象追求

创意并非一味地追求新的元素，还可以将旧元素进行重新组合，追寻全新的创意。因此，广告中创意图形的形象追求要体现在形象元素的组合、置换和增减等方面。

在形象元素组合方面，设计者要了解元素之间的关系，在抓住某个元素的含义之前，选择另外的元素建立起联想和逻辑的关系。如果元素的组合拿捏得当，广告内容就会焕然一新。

在形象元素置换方面，设计者在调动元素组合方式之后，可以借助平淡无奇的广告形象表达出新的广告意境。

在形象元素增减方面，主要是借助同构、嫁接、拟人等设计手法，形成新奇和巧妙的图形，为广告受众提供更为广阔的想象空间。图7-20所示为Jeep的广告创意形象，它采用了同构手法，凸显了Jeep车的速度和越野性，用北极狼与沙漠上的骆驼代表了世界上的冷热两极，彰显了Jeep "无所不至"的品牌形象。

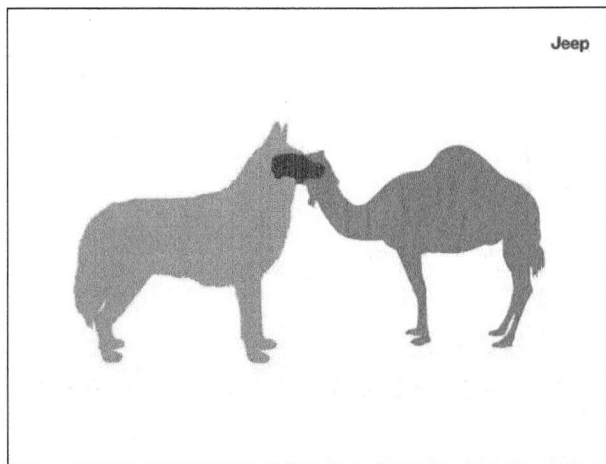

图7-20 Jeep的广告创意形象

5. 形式追求

创意图形仅为广告设计中的一个元素，而广告的艺术表达需要综合文字、色彩等其他元素，以追求形式层面的趣味感和秩序感。

（1）点、线、面

在形式追求的基础上，任何广告设计都要糅合所有点、线、面的元素，以搭设出广告的形式框架。

● **点**：具备集中的功能，可以吸引视线，突出广告的视觉焦点，同时填补广告的空间，烘托广告内容的氛围。

● **线**：有延伸的动势功能，可以将不同的元素串联起来，使视觉流程更为顺畅，同时也可以用于分隔元素，表达广告画面的动与静。

● **面**：有实面和虚面两种，运用在广告设计中可以强化视觉的感知能力。

在新媒体广告设计中，设计者要合理协调点、线、面的相互关系。例如，利用中轴线连接元素、实现对称，形成强烈的虚实空间对比效果。

（2）视觉元素分布规律

在心理学层面，每个人的视觉都有一定的界定区域，如果超出该区域，视觉注意力是不集中的。一般来说，上侧的视觉注意力比下侧要集中，左侧的视觉注意力比右侧要集中。因此，设计者在运用创意图形时，要掌握视觉元素的分布规律。

上侧的视觉元素以轻巧、缥缈、高昂为主，下侧的视觉元素以沉稳、消极、压抑为主，左侧的视觉元素以舒畅、广阔、自由为主，右侧的视觉元素以紧凑、凝重、局限为主。设计者按照这种视觉元素分布规律对不同主题的广告形式进行布置，就能最大限度地使广告受众的注意力集中起来。

（3）层次与空间构成

设计者在运用创意图形时要注意图形的主次关系，主要通过层次与空间的构成来表达，如黑色图形与白色图形、大图形与小图形、疏散图形与密集图形、虚图形与实图形等，通过色相、明度、纯度等方面的对比，就可以将层次与空间拉开，使广告内容具有清晰的主题形象，并具备动与静、轻松与紧张等艺术感。

【课后习题】

1．简述新媒体广告设计的表现方式。

2．简述新媒体广告文案创作的原则。

3．简述撰写广告文案的思维方法。

4．试分析图7-21至图7-23所示的新媒体广告分别属于哪种色彩运用类型。

图7-21　广告设计的
色彩运用（a）

图7-22　广告设计的
色彩运用（b）

图7-23　广告设计的
色彩运用（c）

第8章 网络与新媒体广告的媒介

学习目标

◆ 了解常见的广告媒介组织的特点。

◆ 了解广告媒体的评估指标。

◆ 了解选择广告媒介的原则和策略。

◆ 掌握网络与新媒体广告发布时机策略。

◆ 了解广告媒介排期方式。

◆ 了解影响广告媒介排期方式选择的因素。

广告媒介是进行广告宣传的物质手段和工具。随着经济和科学技术的发展，广告媒介也在不断革新和更替。在网络与新媒体时代，广告媒介的种类更加多样，广告主的选择也更多。但要想实现广告目标，广告主就必须按照一定的原则和策略选择广告媒介，并在进行广告排期策划时选择合适的排期方式。

8.1　网络与新媒体广告媒介的选择

在企业的广告预算中，很大一部分的费用要投入广告媒介中，这让很多企业承受着巨大的资金压力，同时广告资金在投放过程中还会由于很多不合理的因素而被浪费。可以这样说，广告媒介的评估和选择既是一门技术，也是一门艺术，要在分析目标受众群体的特点、产品特点和媒介特点的基础上求得三者的统一。

8.1.1　常见的广告媒介组织的特点

在网络与新媒体环境下，媒介组织在内涵和外延上发生了明显的变化。与传统广告媒介组织相比，网络与新媒体广告的媒介组织具有以下3个突出特点。

1. 从规模上看，数量众多，但市场集中度高

网络与新媒体出现的时间虽然不长，但媒介组织的数量呈几何倍数增长。从网络媒体的主要组织形态——网站来看，我国的网站数量要以"百万"为计量单位。根据中国互联网络信息中心（CNNIC）的数据，截至2019年12月，我国网站数量已达497万个。

社会上几乎所有的实体机构都建立了专有网站来开展信息传播活动，其中有较大一部分网站只是单纯的信息窗口，不参与广告经营活动，不属于广告发布主体，但仍有数量庞大的各类网站以广告作为盈利模式。

正是由于广告媒介数量众多，不同媒介组织之间的竞争变得异常激烈，谁拥有了受众，谁就能获得生存空间。而网络与新媒体受众由于媒介选择范围广，对媒介的忠诚度较低，那些规模大、口碑好、服务全面的媒介平台更能获得受众的青睐。

经过多年的发展和优胜劣汰，一些规模较小且同质化程度高的企业逐渐走向破产。发展到现在，几乎每个细分领域都形成了鲜明的梯队性格局。处于第一梯队的少数几家互联网企业则是广告市场份额的主要占有者，如门户网站领域的腾讯、新浪、搜狐、网易，电子商务领域的阿里巴巴、京东，搜索引擎领域的百度等。

以网站来看，排名前五的网站就占据了整个广告市场50%以上的市场份额。近几年，百度、阿里巴巴、腾讯更是以横扫千军之势跨领域扩张，逐渐形成了囊括娱乐、购物、搜索、社交等多种应用服务的互联网媒介集团。

目前，移动互联网广告市场头部效应明显，根据移动营销综合平台Morketing的报告（见图8-1），阿里巴巴2020年第一季度的广告营收为309.06亿元，同比增长3%；腾讯2020年第一季度的广告营收为177.13亿元，同比增长32%；百度2020年第一季度的广告营收为142.43亿元，同比下降19%，但广告营收依然占百度当季营收的6成以上。

2. 从形态上看，开放、多元、角色复合

有学者说，"传统媒体的媒介组织形态是一个以'把关人'和专业主义的新闻生产为中心的辐射式结构"，也就是说传统媒介组织的核心资源和核心内容是专业的新闻生产。但对于网络与新媒体环境下的媒介组织来说，是否生产或者提供新闻信息已不是其唯一或核心的标签。

国内互联网公司 2020年Q1广告营收情况

单位 亿元人民币

序号	优势领域	公司名	2020年Q1广告营收	同比增速	Q1广告收入占比	Q1总营收	2019年全年广告收入	备注
1	电商	阿里巴巴	309.06	3%	27.04%	1143.14	1745.74	该数值为客户管理收入，其中包含营销服务和第三方佣金等。
2	社交娱乐	腾讯	177.13	32%	16.39%	1080.65	683.77	
3	搜索	百度	142.43	-19%	63.18%	225.45	781	百度广告营收中包含爱奇艺广告营收。
4	电商	京东	95.27	17%	6.52%	1462.05	426.8	该数值包含第三方佣金。
5	电商	拼多多	54.92	39%	83.96%	65.41	268.14	
6	本地生活	美团点评	28.64	-8.2%	17.09%	167.54	158.4	
7	智能硬件	小米	27	16.6%	5.43%	497.02	107	
8	社交媒体	新浪	21.96	-20%	71.28%	30.81	123.23	数据中包含微博广告营收。
9	社交媒体	微博	19.51	-19%	85.20%	22.9	108.39	
10	搜索	搜狐	18.64	-4%	60.36%	30.88	84.82	数据中包含搜狗广告营收。
11	搜索	搜狗	16.83	1%	92.37%	18.22	75.59	
12	长视频	爱奇艺	15.37	-27%	20.09%	76.5	82.87	
13	电商	唯品会	8.29	3%	4.41%	187.93	42.74	此项为"其他收入"，主要包含第三方物流、产品推广在线广告的营收，及第三方商家收取的费用等。
14	媒体服务	汽车之家	5.67	-12%	36.65%	15.47	36.53	此项为"媒体服务"，其中大部分为广告营收。
15	直播	欢聚时代	3.93	33%	4.74%	71.49	15.49	此项为"其他收入"，包含广告收入（数据中包含虎牙广告营收）。
16	长视频	哔哩哔哩	2.14	90%	9.24%	23.16	8.18	
17	直播	斗鱼	1.65	22.2%	7.24%	22.78	5.02	2019年7月上市，因此2019年全年收入为Q2至Q4。
18	直播	虎牙	1.37	74%	5.72%	24.12	3.96	广告及其他收入。
19	旅游	同程艺龙	0.89	153.1%	8.86%	10.05	5.17	此项为"其他收入"，主要为广告服务收入、配套增值用户服务所得收入及景点门票收入。
20	社交	陌陌	0.57	-29%	1.59%	35.94	3.32	
21	电商	蘑菇街	0.18	-74.4%	15.13%	1.19	2.96	
22	媒体	网易	30.03	/	17.60%	170.62	74.96	2019年Q3网易将广告与其他业务合并计算，因此不计入媒体排名。

注1：该表格中部分企业未公布人民币单位的营收，故采用北京时间2020年3月20日13：29的美元汇率进行换算（1:7.0826）。
注2：部分企业尚未公布财报数据，因此目前暂不收录。
注3：该表格中的各公司营收、广告占比数值为四舍五入（仅保留小数点后两位），将会存在少量误差，仅供参考。

MORKETING

图8-1　国内互联网公司2020年Q1广告营收情况

（1）网络与新媒体的媒介组织是一个开放的系统

综观现在具有较大影响力的网络与新媒体组织，其来源各不相同，有的是从终端厂商直接迈入传媒行业的，有的是从网络应用服务不断拓展而成的，有的是从系统服务转型而来的，还有的完全诞生于新媒体环境下。可见，网络与新媒体的媒介组织是一个开放的系统。

（2）网络与新媒体的媒介组织具有多元化特征

网络与新媒体的媒介组织形态既包含传统的以新闻和信息生产为核心的媒介组织形态，如从传统媒体衍生而来的凤凰网等，还包含诸多只进行部分信息生产，同时提供多种互联网应用服务的媒介组织形态，如腾讯、网易、新浪等。此外，还有几乎不从事自主信息生产、只提供信息服务的媒介组织形态，如百度、阿里巴巴、京东商城等。图8-2所示为淘宝和京东商城App首页。

图8-2　淘宝和京东商城App首页

（3）网络与新媒体的媒介组织承担着复合的社会角色

正是由于网络与新媒体的媒介组织形态多样，其相对于传统媒介而言在角色上具有复合性。例如，阿里巴巴、腾讯、字节跳动、百度的身上既存在媒介组织角色的一面，还同时扮演着诸多其他角色，如技术服务公司、电子商务运营公司、网络金融公司等。

3. 从传播特性上看，跨媒介、跨地域经营

跨界是网络与新媒体的一个重要特征。网络与新媒体的媒介组织一方面可以顺畅地实现跨媒体运营，另一方面还可以跨地域发展。所谓跨媒介，就是指跨越网络媒介、手机媒介和互动性电视媒介三种媒介形态的界限。在传统媒介环境下，报纸、电视、杂志、广播等媒介形态互不关联，很难有某一种媒介产品能同时适应多种媒介形态。而在网络与新媒体环境下，媒介间的相互渗透与融合变得更为轻而易举，一款产品能够以不同的形式同时生根于网络媒介、手机媒介和互动性电视媒介中。

以我国网络视频行业中的品牌爱奇艺为例，爱奇艺在创办之初是以网页版的形式为受众提供在线视频服务的，在启用"一云多屏、多屏合一"的无线战略后，以App形式全面覆盖了电视端、移动端，实现了同一个产品的多屏观看。随着数字化技术的进一步发展，在未来物联网极度发达、可穿戴设备普遍存在之际，诸如爱奇艺之类的媒介产品还可以跨越更多的媒介。

跨地域发展是指网络与新媒体的媒介组织可以跨越地区、国家的界限进行运营。在传统媒体时代，大众媒介长期以来实行"事业单位，企业化管理"的管理机制，有着较为严格的地域限制，各占一方，实行垄断性和区域性运营。尤其是报纸，除了少数的全国性报纸外，大部分只在特定的地域发行或销售。例如，《南方都市报》只在珠三角地区发行，《京华时报》只在北京地区销售。而网络与新媒体环境下的广告媒介完全突破了地域限制，其受众可以是全世界任何地方的任何人，不存在区域性媒介的概念，任何媒介组织都是全国的，乃至世界的。

8.1.2 广告媒介的评估

随着市场经济的高速发展，企业营销、投放广告的需求不断增加，再加上媒介类型日趋丰富，所以媒介费用日渐高涨，广告媒介的选择越来越复杂。因此，如何以最低的媒介投放成本获得最优的广告效果，就成为广告主最关心的一个问题。广告主在选择广告媒介时，首先要掌握广告媒介的评估指标。

广告媒介的评估指标包括权威性、覆盖面、接触频率、连续性、针对性和成本效益。

1. 权威性

权威性是衡量广告媒介本身带给广告的影响力大小的指标。广告是可以借助媒介的权威性来扩大影响的。当然，广告主要想选用权威性高的媒介，不但难度较大，而且广告费用也较高。媒介的权威性难以从数量上进行分析，只能做定性研究。

同时，权威性的衡量标准也是相对的，对某一类广告来说，某个媒介的权威性高，但对另一类广告来说，该媒介的权威性可能并不高。因为不同的媒介都有其自身的特性和影响力，广告受众自身对此也有一定的衡量标准。

2. 覆盖面

覆盖面是指广告媒介在传播信息时主要到达并发挥影响的地域范围。在选择广告媒介时，广告主首先要考虑的是这个媒介的覆盖区域有多大、处于什么位置。例如，户外广告的覆盖面比较小，大多数位于固定位置，宣传区域小，所以要特别注意地点的选择，一般设立在人口密度大、流动性强的地方，如图8-3所示。

图8-3 户外广告

3. 接触频率

接触频率是指接触广告信息的平均次数。这一指标的意义在于了解在多次发布广告后，接触者对广告印象的加深程度。例如，如果第一次触及率为25%，第二次触及率为30%，那么二次广告的接触频率为30%÷25%=1.2（次）。

一般来说，在制订媒介计划和选择媒介时，广告主必须按照广告目的明确重视的对象——究竟是重视广告的有效接触范围，还是重视广告媒介的接触频率，然后再做出决策。例如，每天搭乘地铁的乘客，对地铁广告的关注度和接触频率都非常高，如图8-4所示。

图8-4　地铁广告

4. 连续性

广告媒介的连续性是指同一则广告多次在一个媒介上推出所产生的效果的相互联系和影响。连续性指标也可运用于评估在不同媒介上推出同一则广告，或者同一媒介不同时期的广告活动之间的联系和影响。

广告媒介不同，对连续推出广告的效果的影响也是不同的。传统媒介的广告接触受众的间隙较长，如果某项营销计划的时效性很强，需要迅速积累广告效果以配合整体营销，那么传统媒介广告的连续性显然不符合要求。相比较而言，网络与新媒体广告的连续性较好，可以快速响应，有利于企业做出有针对性的营销方案，并及时进行发布。

5. 针对性

广告媒介的针对性是指评估广告媒介的主要受众群体构成情况的指标。一个媒介的受众可能有很多，但如果其中只有一小部分是广告主的目标受众，这一媒介对特定的广告主来说就不是理想的媒介。针对性指标包括两项主要内容，一是媒介受众的构成情况，二是媒介受众的消费水平和购买力情况。

6. 成本效益

广告媒介的成本效益是衡量某一媒介可以获得的广告效益与所消耗费用之间关系的指标，该指标主要是对媒介经济效益的衡量。广告主在做广告前，不仅要考虑广告的覆盖面和接触频率，同时还必须考虑投放成本。成本效益不能单纯地看媒介费用的绝对值大小，而要看支出的费用、覆盖面与视听数量之间的比例关系。广告策划人员按照成本原则选择媒介时，最常用的简捷方法是千人成本法Mille，即媒介平均每接触1000人所花费的广告费，其公式为：CPM=广告费÷接触人数×1000。

从CPM公式中也可以看出，把CPM压缩到最小的方法有两种：一种方法是用少量的广告费，另一种方法是增加广告的接触人数。CPM虽然简易可行，但也有其不足之处，广告学界对此争议颇多，其主要缺点是以媒介的接触数（视听者）为计算成本的基础，但不同媒介的影响力有所不同，接触者的构成不同，广告目标不同等，这些差异在CPM中均难以反映。例如对婴儿润肤露广告来说，如果某个媒介的接触者多为年轻的母亲，其广告效果就好；而如果接触者多为老年人，其广告效果就很差。因此，在考虑成本效益时，广告主还应与其他指标相配合，并进行综合衡量。

8.1.3 选择广告媒介的原则

广告主要想正确地选择广告媒介，就必须遵循选择广告媒介的基本原则，这是广告策划取得成功的重要因素。

归纳起来，选择广告媒介应遵循以下4项原则。

1. 目标原则

目标原则是指广告主选择的广告媒介必须与广告目标、广告战略协调一致，这是现代广告媒介渠道策划的根本原则。不同的受众群体接触广告媒介的习惯和对广告媒介的态度必然有所不同，而只有根据目标受众的情况来选择媒介，才能符合广告战略的要求，进而顺利实现广告目标，获得良好的广告效果。

如果广告媒介传播信息的受众并非广告目标所针对的受众或潜在受众，即使广告主投入再多的广告费，广告创意再新奇、独特，也不会取得预期的广告效果。只有严格遵循目标原则，才能明确并坚持媒介选择的正确方向，制订出色的广告媒介渠道策划。

例如，微博广告主要针对的是年轻人，这种广告所传播的内容自然也是与年轻人的生活相关的产品，如化妆品、零食等，如图8-5所示。

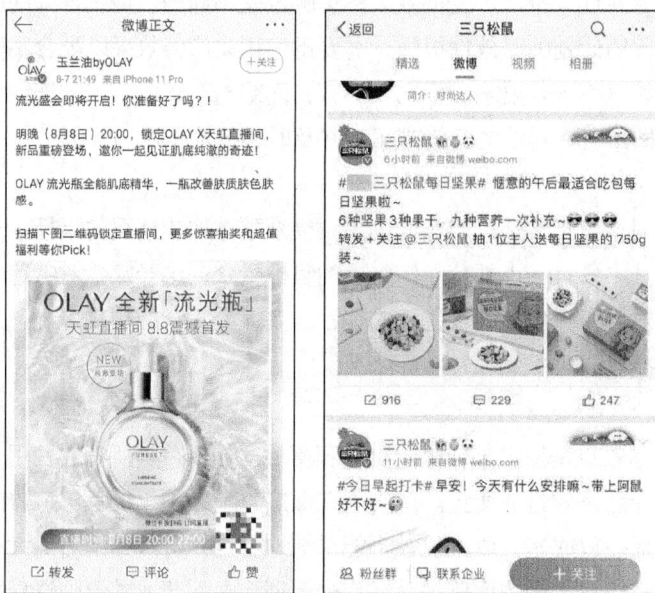

图8-5 微博广告

2. 适应原则

适应原则是指广告主根据情况的不断发展变化及时调整媒介方案，使所选择的广告媒介与广告活动的其他要素保持最佳适应状态。

适应原则包括两个方面的内容。

一方面，广告媒介的选择要与广告产品的特性、受众的特性及广告信息的特性相适应。例如，消费品多以大众传播媒介为主，工业品多以促销媒介为主；有些受众习惯于接受大众传播媒介的广告宣传，有些受众却对其反应冷淡，甚至十分反感，而对促销媒介很有好感。

另一方面，广告媒介的选择要与外部环境相适应。外部环境是指存在于广告媒介之外的客观事物，如广告管理、广告法规、经济发展、市场竞争、社会文化以及媒介经营单位等。外部环境是不断发展变化的，媒介方案也要随之相应地做出调整。

3. 优化原则

优化原则是指广告主要选择传播效果最好的广告媒介，或者做最佳的媒介组合。广告主必须认真分析、了解各种能够触达广告受众的媒介的性能特征，尽可能寻求受众多、获关注度高的传播媒介及媒介组合方式。

一般来说，广告主应该选择传播速度快、覆盖区域广、收视（听）率高、连续性强、色彩形象好、便于记忆、信誉高的媒介。

4. 效益原则

效益原则是指广告主在考虑广告费用投入能力的前提下，以有限的投入抓住可以获得理想效益的广告媒介。在现代市场经济条件下，广告主不管选择哪一种广告媒介，都应该将广告效益放在首位，这就要求广告媒介渠道策划应始终围绕选择成本较低而又能达到广告宣传预期目标的广告媒介来进行。

一般来说，各种广告媒介因其技术手段、覆盖区域和广告质量的不同，成本也不相同。某种广告媒介的技术手段高超、覆盖区域广阔、广告质量出类拔萃，则其成本就高；反之，其成本就低。即使是同一媒介，因受有关因素的影响，成本也会有明显的差异。例如，对于同样的电视广告，播放时间的长短、占据的是一般时段还是黄金时段等，都会影响成本。

8.1.4 选择广告媒介的策略

广告媒介的选择策略主要有以下2种。

1. 与企业的营销目标相结合的选择策略

一个企业在确定了自己的目标市场以后，要以一个最佳的营销组合或者以一个有效的营销计划进入目标市场，其具体表现为如何实现一定时期内的企业营销目标。如果把企业的营销目标简单地加以归纳就不难发现，所有企业的营销目标都是提高销售额，增加市场占有率，树立企业或产品的形象。广告主在选择广告媒介时，应符合特定的营销目标。

（1）提高销售额

企业提高销售额的目标，要求广告媒介可以促使受众缩短购买决策的过程，尽快做出购买决策。为了实现这一目标，广告主在媒介上较为理想的选择顺序应该是电视广告—售卖点广告—短视频广告—直播广告—电商广告等。

（2）增加市场占有率

增加市场占有率就是争取新的受众，甚至把竞争对手的受众吸引过来，以提高企业自身的竞争地位。为了实现这一目标，广告主可以选择的媒介有网络广告、新媒体广告、户外广告、电视广告等。

（3）树立企业或产品的形象

树立企业或产品的形象是使受众对企业或产品产生好感，进而提高企业或产品的知名度与美誉度。为了实现这些目标，广告主可以选择的媒介有网络广告、新媒体广告、户外广告、电视广告等。

2. 与目标市场相结合的选择策略

与目标市场相结合的选择策略可以分为以下2种。

（1）以区域划分目标市场

企业的目标市场从区域上划分，可以分为全国范围的目标市场和区域目标市场。如果目标市场为全国范围，广告主在选择媒介时应寻求一个成本尽可能低、广告信息总曝光量尽可能大的媒介组合。

（2）以受众自身因素划分目标市场

所谓受众自身因素，指的是受众的年龄、性别、职业、受教育程度、收入等因素。在细分市场时，企业经常根据受众自身因素来进行划分。划分出目标市场后，广告主在选择媒介时可以运用"撇脂媒介选择法"。

撇脂媒介选择法，就是广告主首先把广告集中投放到最有可能购买产品的受众群体中，如果产品的销售情况没有达到预期效果，就把广告再调整到另一个群体中，直到在广告媒介中找出一个最能适应某一个受众群体的媒介为止。

8.1.5 网络与新媒体广告发布时机策略

广告发布时机策略是指对广告发布的具体时间、频率及广告节目内容编排的次序等内容所采取的策略。广告发布时机策略运用得当与否，会对广告效果有很大的影响。因此，广告主在制订广告发布时机策略时，要视广告产品的生命周期阶段、广告的竞争状况、企业的公关营销策略等多种因素的变化而灵活运用。

常见的广告发布时机策略有广告发布的时序策略、广告发布的时限策略、广告发布的时点策略和广告发布的频率策略。

1. 广告发布的时序策略

广告发布的时序策略是指广告发布与其他相关活动在时间上配合的策略，主要有提前策略、同步策略和延迟策略3种类型。

（1）提前策略

提前策略是指广告在相关活动开始之前就开始发布。例如，在产品尚未正式上市就开始发布产品上市广告，广告对促销活动提前进行预告等。这种策略有助于进行市场预热。

（2）同步策略

同步策略是指广告的发布与相关活动同步进行。例如，在产品上市的同时发布广告，在促销活动开始时发布广告等。这种策略可以使广告与其他活动密切配合，直接促使受众采取行动，比较适用于已经有了一定知名度和市场占有率的产品。

（3）延迟策略

延迟策略是指在相关活动开始之后再通过媒介发布广告。例如，在产品正式上市之后再发布广告。这种策略有助于受众按照广告诉求指名购买产品。

2. 广告发布的时限策略

广告发布的时限指广告发布持续时间的长短。广告发布总的持续时间由广告活动总体的持续时间和广告主可能支付的广告费用决定。在总的时限内，广告发布是否分成不同长度的时间单元，各单元的持续时间如何，要根据广告目标的要求来进行。

3. 广告发布的时点策略

广告发布的时点指广告在某种媒介发布的具体时间和时段。广告在不同媒介发布的时间要按照媒介组合的原则来确定，在各媒介发布的时段则按照不同时段的受众的媒介接触情况确定。一般来说，广告主应该选择目标受众接触媒介最为集中的时段发布广告。

4. 广告发布的频率策略

广告发布的频率是指在特定时间内广告在某一媒介上展露的次数。广告的诉求效果受广告发布频率的影响，但并不是广告发布频率越高，广告的诉求效果就越好。广告的发布频率要视情况而定。例如，以企业营销战略为依据，如果企业的营销战略是开拓市场，提高产品的市场占有率，那么广告主就要提高广告发布频率，以扩大广告的影响；如果企业的营销战略是维持市场地位，则广告发布频率应以持续间隔为主。

8.2　网络与新媒体广告媒介排期策划

选择好适当的媒介之后，广告媒介策划人员就要决定每个媒介购买多少时间或单元，然后安排在受众最有可能购买的时期发布广告，这就是广告媒介排期。

8.2.1　广告媒介排期方式

媒介排期策略的实质是决定何时发布广告，以及以哪种方式来发布广告。何时发布广告包括广告要在何时开始投放，以及该广告投放要延续多长时间才能结束；以哪种方式来发布广告是指广告要采用哪种持续性来发布。

根据广告媒介排期的持续性来分类，广告媒介排期主要有3种方式：连续型、间歇型和脉冲型。

1. 连续型

连续型排期是指在广告活动的每一阶段都投入大约相同的媒介预算的排期方式。例如，一个广告活动分成4个阶段，广告主在每一个阶段都平均投入媒介预算的25%。广告在整个活动期间持续发布，没有什么变动，这是建立持续性的最佳途径。采用这种方式的产品主要有汽车、电视机、房地产以及一些日常用品等，因为这些产品受众一年四季都可能使用，没有什么时间性。

连续型排期的优缺点如表8-1所示。

表8-1　连续型排期的优缺点

连续型排期的优缺点	说明
优点	广告持续地出现在受众面前，不断累积广告效果，可以防止广告记忆下滑，持续刺激消费动机
缺点	在预算不足的情况下，采取持续性暴露可能造成冲击力不足，而竞争品牌容易以更大的产品或品牌暴露量进行切入攻击；过度展露会导致受众对其产生厌腻感

2. 间歇型

间歇型排期是指有广告期和无广告期交替出现的排期方式，适合一年中需求波动较大的产品和服务，用于销售季节性产品或应对竞争对手的营销活动。

间歇型排期的优缺点如表8-2所示。

表8-2　间歇型排期的优缺点

间歇型排期的优缺点	说明
优点	可以根据竞争需要调整最有利的露出时机，能够集中力量获得较大的有效触达率，机动且具有弹性
缺点	广告空档过长，可能使广告记忆跌入谷底，会增加再认知的难度，有竞争品牌在广告空档切入的威胁

3. 脉冲型

脉冲型排期与间歇型排期类似，媒介预算的投放随时间段的变化而变化；但有所不同的是，它在整个广告活动的任何时段都有广告存在，只不过是某些阶段投放的广告多一些，而另外一些时段投放的广告少一些。

如果把一个广告活动分成4个阶段，采用脉冲型媒介排期的方式可能是这样的形式：第一个阶段投入15%的媒介预算，第二个阶段投入10%的媒介预算，第三个阶段投入45%的媒介预算，第四个阶段投入30%的媒介预算。

脉冲型排期是连续型排期和间歇型排期的结合体，受众的购买周期越长，就越适合采用脉冲型排期。

脉冲型排期的优缺点如表8-3所示。

表8-3　脉冲型排期的优缺点

脉冲型排期的优缺点	说明
优点	持续累积广告效果，可以根据品牌宣传推广的需要，加强在重点时期暴露的强度
缺点	必须耗费比较多的预算；广告主全年都维持较低的广告水平，但在销售高峰期大量投放广告以增强效果，这一时期广告过度暴露，很容易使受众产生广告疲倦效应，对广告产生反感，注意力下降

8.2.2　影响广告媒介排期方式选择的因素

在网络与新媒体广告实践中，采用何种广告媒介排期方式能够产生最大的媒介效益，取决于多种因素，如产品销售的季节性、重复购买周期、产品的生命周期、竞争对手的广告策略、预算的约束。

1. 产品销售的季节性

销售季节性变化不明显的产品比较适合采用连续型排期的方式，以维持一定的广告注意度和品牌知名度；而销售季节性非常明显的产品比较适合采用间歇型排期和脉冲型排期的方式，以在销售旺季提高广告发布频率，促进销售。

2. 重复购买周期

广告主在选择广告媒介排期方式时，通常要考虑将发布广告的时间尽量与受众购买该产品的时间保持接近，以起到提醒购买的作用。因此，广告主要通过调查研究来确定目标受众的重复购买周期，在受众即将购买产品之际发布广告，以提高转化效果。

3. 产品的生命周期

在产品的导入阶段（即一个全新的产品刚进入市场的阶段），大量而密集的广告投放可以使广告信息迅速触达受众，在短时间内提高品牌的知名度，此时适合采用连续型排期的方式。当产品处于成熟阶段时，广告投放的主要目的是保持品牌形象，与受众维持一定的接触，同时配合产品的销售季节性来安排广告的投放量。

4. 竞争对手的广告策略

广告媒介策略的目的是选择适当的广告传播载体，通过广告投放来使产品或品牌获得市场竞争上的优势。因此，了解竞争对手的广告投放时间和投放量是非常重要的。在根据竞争对手的广告策略选择排期方式时，是采用跟进式广告投放策略，还是采用避其锋芒错开式广告投放策略，则要根据自己的产品或品牌在市场中的地位和广告预算来决定。

5. 预算的约束

预算对排期的影响是全面且无法绕开的，它不仅影响着广告排期的方式，还影响着整个广告活动持续时间的长短。

【课后习题】

1. 简述选择广告媒介的原则与策略。
2. 简述网络与新媒体广告发布时机策略有哪些。
3. 简述影响广告媒介排期方式选择的因素。

第9章 网络与新媒体广告效果评估

学习目标

◆ 了解网络与新媒体广告效果评估的意义、特点和原则。

◆ 了解网络与新媒体广告效果评估标准。

◆ 了解网络与新媒体广告效果评估指标。

◆ 掌握网络与新媒体广告效果评估的程序。

◆ 掌握网络与新媒体广告效果评估的方法。

网络与新媒体广告效果评估是指利用一定的方法、指标和技术对网络与新媒体广告效果进行综合评价的活动。有效的广告效果评估可以帮助广告主检验广告策划是否合理、广告创意是否有效、广告活动是否实现了预期的广告目标，并为下一阶段的广告活动积累经验。

9.1 网络与新媒体广告效果评估概述

由于网络与新媒体广告具有直接交互、反馈及时、覆盖面广、无时空差异、针对性强、便于统计、费用低廉等优势，所以越来越被广告主看好。除了上述优点外，网络与新媒体广告不同于传统媒体广告的一个特有优势就是其广告效果的可评估性。

9.1.1 网络与新媒体广告效果评估的意义

网络与新媒体广告的效果是指广告作品通过网络与新媒体发布后所产生的作用和影响，包括目标受众对广告宣传的反应。

网络与新媒体广告效果与传统媒体广告效果一样具有复合性，包括传播效果、经济效果和社会效果。网络与新媒体广告效果的评估就是利用一定的指标、方法和技术对网络与新媒体广告效果进行综合衡量和评定的活动。相应地，网络与新媒体广告效果的评估也包括传播效果评估、经济效果评估和社会效果评估。由于网络与新媒体广告是建立在计算机、通信等多种网络技术和媒体技术之上的，所以在广告效果评估方面显示出了传统媒体广告无法比拟的优势。

网络与新媒体的交互性使广告受众在观看完广告后可以直接提交个人意见，如图9-1所示；广告主可以在很短的时间内获得反馈信息，然后迅速对广告效果进行评估。广告主可以利用网络上的统计工具方便、准确地统计出具体数据，而且网络与新媒体广告受众在发表个人意见时可以不受广告主的主观影响，这大大提升了网络与新媒体广告效果评估结果的客观性与准确性。

图9-1 网络与新媒体的交互性

互联网是一个全天候开放的全球化网络系统，网络与新媒体广告的受众数量非常大，所以网络与新媒体广告效果调查能够在网络上大范围地展开，参与调查的目标群体的样本数量也能得到保证。网络与新媒体广告效果评估在很大程度上依靠技术手段，与传统媒体广告评估相比，耗费的人力、物力较少，广告成本也比较低。

与传统媒体广告相比，网络与新媒体广告的效果评估虽然具有诸多优势，但目前在评估的具体实施上还存在一定的困难，这主要体现在传统媒体广告的受众是被动地接收广告信息，广告主可以有目的地选择广告受众，而且在效果评估过程中可以明确统计数据来源的样本；而网络与新媒体广告的受众在接收信息时具有自主性，这就造成广告主在选择广告受众时没有主动权，在对广告进行评估时所需要的统计数据来源的样本很不确定。

在传统媒体广告中，广告受众只有对广告的浏览，没有对广告的点击之类的反馈，而在网络与新媒体环境下，广告受众除了浏览广告以外，还存在点击广告的行为，而点击行为会受到诸如受众的心理过程等多方面未知因素的影响，这样就增加了其效果评估的难度。

受传统媒体广告影响所产生的购买行为一般是在现实的购物场所实现的，而受网络与新媒体广告影响所产生的购买行为一部分是在网络上实现的，一部分是在现实的购物场所实现的。一部分在网络上实现购买的数据容易进行统计，而通过线下实现购买的数据则难以准确地统计。

尽管网络与新媒体广告效果评估存在诸多困难，但广告主并不能回避这项活动，因为它是网络与新媒体广告活动中的重要环节。广告一旦被投放到网络与新媒体，广告主最关心的就是广告所产生的效果，那么自然会对网络与新媒体广告发布一段时间后的效果进行评估。这个评估结果是衡量广告活动成功与否的唯一标准，也是广告主实施广告策略的基本依据。

网络与新媒体广告效果评估不仅能对企业前期的广告活动做出客观的评价，还能对企业今后的广告活动起到有效的指导作用。因此，它对于提高企业的广告效益具有十分重要的指导意义。

9.1.2　网络与新媒体广告效果评估的特点

在广告实践中，传统媒体的广告效果评估有时并未引起广告主的真正关注，所以导致大量的广告预算被浪费。传统媒体的广告评估是以沟通效果和销售效果的调查研究为主，一般是通过邀请部分受众和专家进行座谈来评价，或通过调查视听率、发行量，或统计销售业绩来分析销售效果等。在评估过程中，由于时间性不强、受主观性的影响、技术操作误差大、样本量过小，传统媒体的广告效果评估结果往往与真实的情况相差甚远。

计算机本身的数字编码能力和受众行为的有效监测，为评估网络与新媒体的广告效果提供了现实的基础。与传统媒体的广告效果评估相比，网络与新媒体广告效果评估具有及时性、可靠性、易统计性、自愿性、高技术性、广泛性和经济性的特点。

1. 及时性

网络与新媒体和受众之间的沟通交流远远快于传统媒体，网络与新媒体广告的受众访问广告所在的站点时，能够在线提交表单，如图9-2所示。广告主能够在很短的时间内收到信息，并根据受众的信息做出积极的反馈。网络与新媒体广告效果评估相对而言既迅速又直观，广告主可以随时了解广告被关心的程度，以及广告的传播效果、社会效果和经济效果。

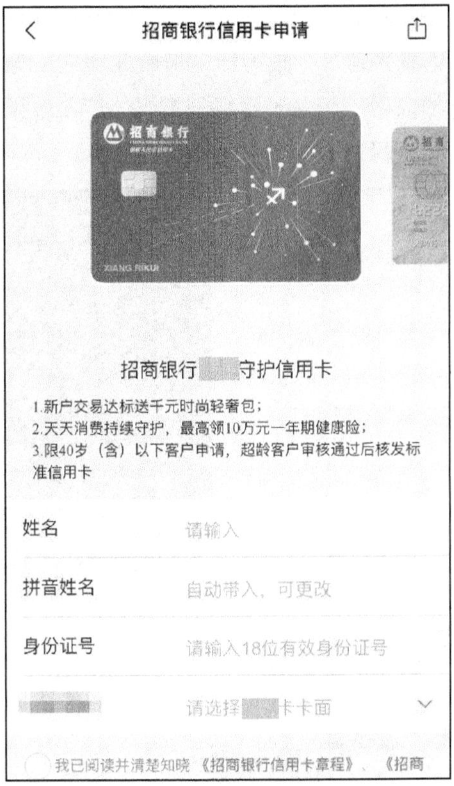

图9-2 在线提交表单

2. 可靠性

企业在通过网络与新媒体向广告受众征求广告效果评估意见时，受众一般可以随时随地、不受打扰地认真回答调查问卷，这大大提高了意见和建议的质量，增强了网络与新媒体广告效果评估的可靠性。

另外，大数据的发展也为网络与新媒体广告效果评估提供了方便，企业可以通过大数据技术汇总各种数据，快速计算出广告效果，使广告主能够根据广告效果做出合理的应对策略。

3. 易统计性

易统计性是网络与新媒体广告效果评估的又一特点。不论采用哪种计量指标，只要使用恰当的统计工具，广告主都很容易统计出具体、准确的数据，这是传统媒体广告效果评估所不具备的优势。

对于传统媒体广告效果评估，无论是广播、电视，还是报纸、杂志，都只能通过问卷调查或专家评估得出一个粗略的统计数字，诸如选择调查对象不当（如选择的调查对象不具有典型性）、专家意见偏差等因素而造成的评估数据失真的情况较多，从而造成对广告主的误导。而网络与新媒体具备强大的技术优势，其全数字化从一开始就表明了统计数字的准确性，企业可以利用各种大数据工具来评估广告效果。

4. 自愿性

自愿性是伴随网络技术的特点而来的。对传统媒体广告（如电视广告）来说，不管受众愿意不愿意，喜欢不喜欢，其一味地强行推送广告，受众只能被动地接受这些信息，几乎没有选择的余地。而网络与新媒体广告则能使受众充分享有主动选择的权利，受众可以按需查看，如果不喜欢广告，可以选择"不感兴趣""投诉""屏蔽此博主"等选项，如图9-3所示。

网络与新媒体广告本身的自愿性带来了网络与新媒体广告效果评估的自愿性，广告效果评估调查表完全由网络受众自愿填写，不具有任何强迫性质。

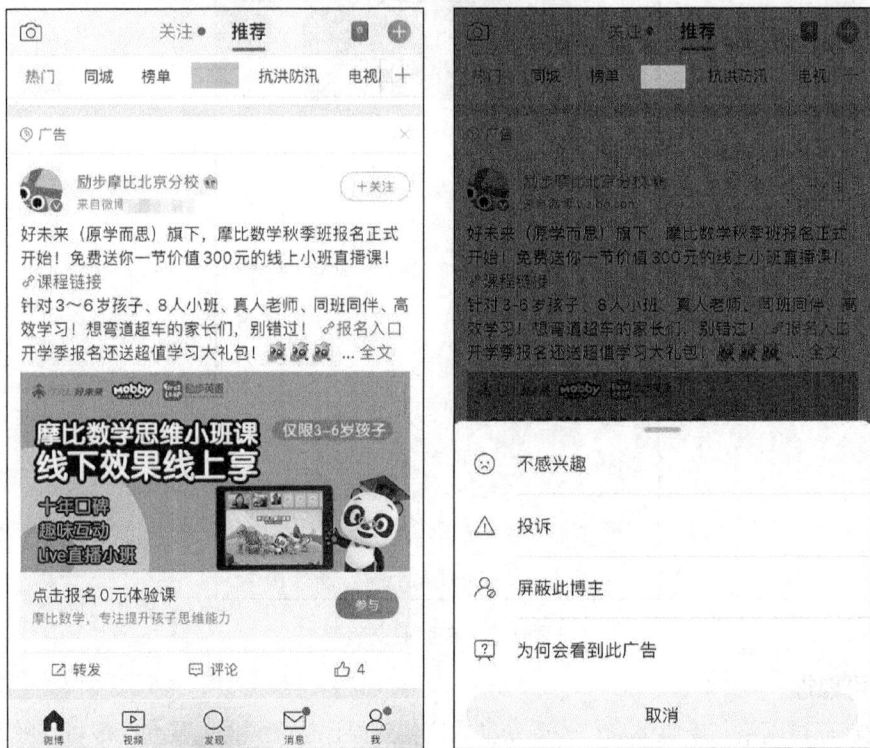

图9-3　自愿性

5. 高技术性

网络与新媒体广告效果评估依赖于科学技术的进步和发展。广告主通过运用网络与新媒体技术，不仅可以向受众传递各种含有广告内容的多媒体信息，还能接收受众反馈的各种类型的信息，更重要的是能对来自受众的反馈信息进行分析与处理，以确定下一步向受众传递信息的内容和方式。不管网络上的评级公司采取什么样的新媒体测量方法，都必须通过一种手段去实现，而这种手段就是科学技术。

6. 广泛性

互联网是一个开放的全球化网络系统，对于一则网络与新媒体广告来说，它可以被世界上任何一个国家的受众观看，并影响这些受众，甚至使他们产生购买行为。图9-4所示为阿里巴巴批发网1688 App，它既是为全球众多为买家和供应商提供商机信息和便捷、安全的在线交易平台，也是商业界人士以商会友、真实互动的社区。

对网络与新媒体广告效果评估来说，评估者的范围也同样是全球的受众，企业可以从全球的受众那里获得好的建议。因此，相对于传统媒体的广告效果评估来说，网络与新媒体广告效果评估具有极其广泛的调查目标群体，评估的正确性与准确性得以提高。

图9-4　阿里巴巴批发网1688 App

7. 经济性

与传统媒体广告效果评估相比，网络与新媒体广告效果评估投入的成本低廉，这也是网络与新媒体广告效果评估的优势之一。任何企业在投放广告时都要首先考虑成本，更确切地说，就是考虑单位成本的效果。单位成本的效果越好，就越值得投放；反之，就越不值得投放。网络与新媒体广告效果评估的针对性强、效果好、费用低，更多地借助了技术上的优势。

9.1.3　网络与新媒体广告效果评估的原则

任何评估都必须遵循一定的原则，这些原则是贯穿于整个评估过程的指导思想。为了保证网络与新媒体广告效果评估的科学性和准确性，网络与新媒体广告效果评估要遵循以下原则。

1. 针对性原则

针对性原则是指在评估网络与新媒体广告效果时，广告主首先要有明确而具体的目标，即明确评估的广告效果是经济效果还是社会效果，是短期效果还是长期效果，是传播效果还是销售效果或心理效果等。

同时，广告主还要注意评估的内容必须与所追求的目的具有相关性，不要做空泛或无关的评估工作。例如，如果广告的目的是推出新产品或改进原有产品（见图9-5），那么广告效果评估应针对广告受众对品牌的印象；如果广告的目的是在已有市场上扩大销售，则应将广告效果评估的重点放在受众的购买行为上。

2. 可靠性原则

可靠性原则是指网络与新媒体广告效果评估所得到的结论能够正确地为广告策略提供帮助，防止产生片面的结论而给广告主制订广告策略带来负面作用。例如，调查表的设计要合理，汇总分析的方法要科学，考察广告效果的影响因素要全面，前后评估测试的结果要有连续性，并多次进行评估测试，以证明评估结果的可靠性。

图9-5　推出新产品或改进原有产品

3. 综合性原则

在评估网络与新媒体广告效果时，广告主除了要综合分析广告效果的影响因素以外，还要考虑广告效果之间的竞争性、媒体使用的并列性，以及广告播放时间的交叉性，防止产生片面性的干扰，最终获得客观的评估效果。

4. 经常性原则

网络与新媒体广告的效果受到各种因素的制约和影响。

首先，从内容上讲，广告不仅会产生经济效益，还会产生心理效果和社会效果，对社会文化等产生影响，所以广告主需要综合的统筹评价。

其次，从传播方式上讲，广告只是企业进行自我推广的一种有效手段，还要看其与其他传播方式相互配合的复合效果，广告主需要将两者联系起来进行评估。

最后，从广告自身效果来看，产品生命周期、市场条件等因素不同，广告效果也就不同。产品在成长期时，市场需求旺盛，广告可以促进销售，增加销量，且表现得非常明显；而在市场不景气、产品处于衰退期时，广告即使没有非常明显地刺激销量的增长，也可能延缓了销量下降的速度。因此，广告主不能简单地根据是否提高销量来评估广告效果。

由于广告效果的以上特征，所以广告主在评估网络与新媒体广告效果时不能有临时性的观点。具体来说，某一时间和地点的广告效果并不一定就是广告的真实效果，广告主必须掌握前期广告活动的延续效果和其他营销活动的效果等全部资料，才能准确评估网络与新媒体广告的真实效果。也就是说，网络与新媒体广告效果的长期评估要建立在经常性的短期广告效果评估的基础上。

因此，广告主要建立合理的评估体系，在不同的阶段制订不同的广告效果评估目标，反复进行评估活动，综合各阶段的评估结果，使其形成一个有机的整体。这就要求广告主在样本选定、问卷设计、统计方法的运用等方面要考虑前后联系，使各阶段的评估结果能够相互关联、互相补充，以利于掌握各方面的材料，为下一步广告战略的制订提供充分的参考依据。

5. 效益性原则

网络与新媒体广告效果评估是网络与新媒体广告运营活动的重要环节，是提高广告效益的重要手段，因此广告主对网络与新媒体广告效果评估本身也要追求经济效益。广告主要有计划、有步骤地进行网络与新媒体广告效果评估，根据评估目的、评估预算、评估人员的技术水平和评估对象等具体情况，选择最经济、最有效的评估方法，以达到预期的评估效果。

9.2　网络与新媒体广告效果评估标准

网络与新媒体广告效果评估主要是评估受众对网络与新媒体广告的反应。一般来说，受众对于广告有以下3种选择：没注意、浏览但不点击、点击。广告主在进行网络与新媒体广告效果评估时，要在收集以上数据的基础上，综合受众的其他变量，从而得出一系列指标，作为衡量广告效果好坏的标准，包括被动浏览、主动点击、交互和销售收入。

9.2.1　被动浏览

被动浏览的效果评估主要有两个标准：一是被动浏览的时间，二是被动浏览的次数。

前者以受众在广告页面上停留的时间为标准，通常依据用户会话（User Session）来衡量受众在广告页面上的停留时间。用户会话是指使用某个特定的IP地址在最近（通常在过去的30分钟里的任何时间）访问这个站点的用户的表现。

后者以受众进入广告页面的次数为标准，这也是网络与新媒体广告最常使用的一种广告效果评估标准，通常以印象数（Impression）和页面浏览量（Page View，PV）来衡量。但是，每位受众可以在一个用户会话中创造多个印象数和页面浏览量，而且过程中受众是否注意到广告信息还不得而知。

基于这些问题，有人提出了独立访客的概念，这样单个用户重复访问一个页面的问题就解决了，但是网络与新媒体和传统媒体的区别之一就在于它是多对多的传播模式，而传统媒体是"一对多"的传播模式。在"多对多"的传播模式下，印象数和页面浏览量过多地关注被动广告，而被动广告不一定被受众注意到。广告主要想达到广告目标，不能仅以此作为衡量标准，还应该考虑其他评估标准。

9.2.2　主动点击

这种广告效果评估标准是指广告效果的好坏关键要看受众是否点击了该广告，广告的收费标准依据点击的次数而定。当然，仅依靠点击次数来评估广告效果是不准确的，以点击率为标准更能准确地评估广告效果。

但是，主动点击的评估标准也存在一定的缺陷。有人认为，受众点击广告的原因不应该仅归结于他们对这些广告内容感兴趣，广告的制作水平和创意也起了很大的作用，如果受众点击广告只是因为广告做得好，而不是因为对广告内容感兴趣，就说明广告没有达到预期的目的，因此这种广告效果的评估标准也不是最理想的。

9.2.3　交互

交互是网络与新媒体和传统媒体的关键区别，对有些网络与新媒体广告来说，受众仅仅看到广告或仅仅点击广告页面是不够的，还要与广告主形成信息交流，这样的广告才是有效的，这说明广告找到了合适的目标受众，并且引起了目标受众的关注。

例如，某个目标受众正想购买一台笔记本电脑，但由于手头拮据，一时还买不起价格太高的笔记本电脑，而A品牌正好推出了低价位的笔记本电脑，并且在广告中强调"券后到手价3199元"。这个目标受众若看到这则广告，想必会点击该广告看一下具体内容，如果笔记本电脑的性价比高，他会主动在网络上搜索关于该笔记本电脑的详细资料，或者通过电话、在线沟通等手段与广告主联系，如图9-6所示。因此，广告效果的好坏主要看目标受众主动与广告主联系次数的多少。

单从这一点来看，交互比主动点击更能准确地反映广告的实际效果。这种衡量标准特别适合具有促销性质的广告，并且配合主动点击评估标准使用效果更好。但是，这种标准也有其自身的缺陷，那就是目标受众与广告主的交流很难进行量化的衡量，且衡量的成本很高。

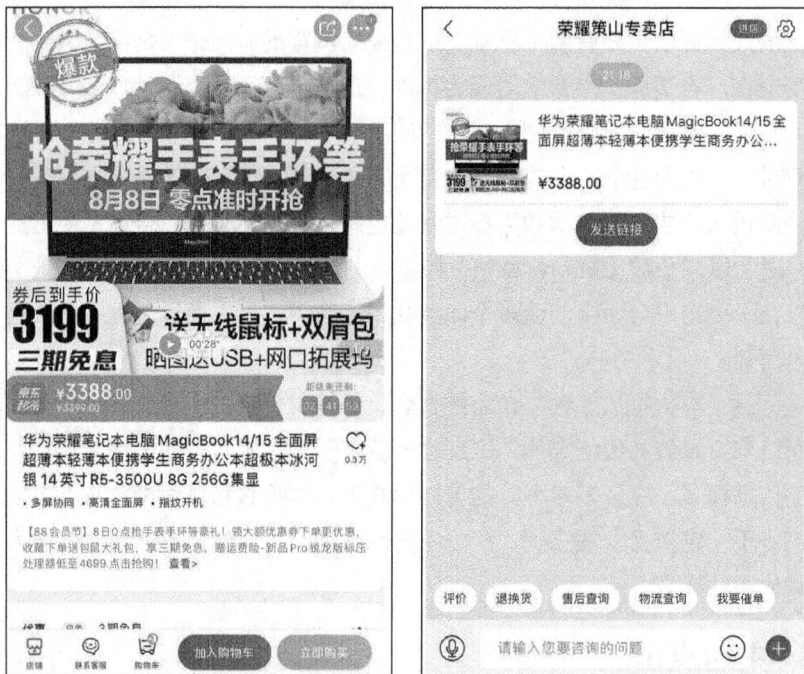

图9-6　目标受众与广告主在线沟通

9.2.4　销售收入

广告的投放的确可以促进销售收入的增加，也就是说，广告效果是的确存在的，问题在于销售收入在多大程度上依赖于网络与新媒体广告。销售收入的影响因素有很多，包括促销、公关、产品、价格、销售渠道、受众的消费行为特性等。因此，如果以销售效果为标准来衡量网络与新媒体广告的效果，目前最棘手的问题在于建立广告费用与销售收入之间的相关关系模型。这个模型必须在拥有大量数据的前提下建立，而且必须得到网站或软件经营者和广告主的一致认可。然而，要做到这一点是十分困难的，传统媒体广告发展了较长的时间，这个问题还一直没有得到有效的解决。网络与新媒体广告作为仍在发展的广告形式，将会面临更多的困难。

　　总结以上4种标准，我们可以得出这样的结论：一般来说，评估广告效果的标准越易达到，其准确性就越低。所谓评估效果的准确性，其实是一个相对的概念，对于不同产品、不同目的的广告，要选择不同的评估标准。例如，如果评估企业形象广告的效果，应采用被动浏览和主动点击作为标准，采用销售收入作为标准就不太适合。每种效果评估的标准都要通过具体的试验及实践的经验来最终确定。

9.3　网络与新媒体广告效果评估指标

　　与传统媒体广告相比，网络与新媒体广告的受众所做出的浏览行为是可以被追踪统计的，广告主可以根据统计的浏览行为数据评估广告效果。然而，网站流量统计报表中有很多指标，具体要看哪些指标才能评估广告效果呢？根据广告发布后的传播范围和实际效果来划分，网络与新媒体广告效果评估指标可以分为两类：展示类评估指标和效果类评估指标。

9.3.1　展示类评估指标

　　展示类评估指标主要用于衡量广告传播范围的广度，类似于传统媒体中的发行量、收视率等指标。在网络与新媒体广告中，由于媒体形态的不同，广告效果的展示类评估指标也存在一定的差异，下面介绍几种基本的展示类评估指标。

1．页面访问量

　　页面访问量，也称页面浏览量，即前面所提到的PV，指的是某个页面被用户看到的次数。用户每打开一个页面，就会被记录1次；用户多次打开同一页面，访问量逐次累计。由于页面访问量没有次数限制，所以常常会在这个指标上产生一些虚假访问数据。

2．独立访客数量

　　独立访客数量（Unique Visitors，UV），也称独立用户数量或独立IP数量，该指标主要用于统计进入网站的独立用户数。与页面访问量不同的是，独立访客数量以独立IP地址或Cookie为识别标准，也就是说，一个访客在一定的统计周期内（如1天）访问网站，无论访问多少次，只记录1次。

3．印象数

　　印象数，也称广告曝光数、展示数，指的是广告投放页面的浏览量，主要反映广告投放媒体的访问热度。目前，网络视频广告的效果评估主要采用印象数这一指标，该指标也是千次展示付费Mille的主要依据。

　　需要特别指出的是，这一指标曾经饱受质疑，因为各种拦截工具或特殊浏览器的使用，导致很多网站页面上的广告并没有如约出现在用户的视野中。基于此，第三方数据监测机构在广告曝光数的基础上提出了"可见曝光数"这一新的评估指标，该指标规定"至少要有一半的广告内容在用户屏幕上出现超过1秒才算是可见的广告曝光"。

9.3.2 效果类评估指标

效果类评估指标主要用于衡量广告发布后所产生的实际效果，包括用户看到广告信息后所产生的各种行为和反应。网络与新媒体广告中的效果类评估指标主要有以下6种。

1. 点击数

点击数（Click-Through，CT）指的是一则广告被用户点击的次数，该指标反映了用户对广告的主动浏览行为。如果排除用户误点击及虚假点击等情况，广告点击数相对于曝光数来说更能反映广告对用户实际产生的影响。广告点击数是每次点击付费模式的基础。

2. 点击率

点击率（Click-Through Rate，CTR）是指在一定的统计期间内点击数占广告曝光数的比率，该指标主要反映广告对用户的吸引程度。

点击率是网络与新媒体广告效果最基本的评估指标，也是反映网络与新媒体广告效果最直接、最有说服力的量化指标。现在网络上的广告数量太多，造成用户浏览页面时一扫而过，甚至不予理睬；或者用户经常登录同一页面，已对广告有了印象，不会每次都点击广告；或者用户不在网络上点击广告，而是通过其他方式进行了解等。因此点击率不能直接反映网络与新媒体广告的投放效果，而要通过转化率来进行评估。

3. 到达率

到达率（Reach Rate）是指用户通过点击广告实际进入广告主推广页面的比率，即到达量与广告点击数的比率，该指标在一定程度上可以反映出广告的虚假点击情况。

4. 跳出率

跳出率（Bounce Rate）是指当用户点击广告进入广告主推广页面后，没有产生继续点击行为，而选择直接离开的比率。例如，有100人点击进入页面，80人直接离开，则跳出率为80%。

5. 二跳率

二跳率是指用户第一次点击广告进入推广页面后，继续进行第二次点击行为的比率。例如，有100人点击广告进入推广页面，其中30人在页面上继续点击浏览，则二跳率为30%。跳出率和二跳率可以直接反映推广页面对用户的吸引力程度。

6. 转化率

转化率（Conversion Rate，CR）是指广告转化次数与点击次数的比率，即用户在广告信息的影响下，通过点击广告进入推广页面，并产生了注册或购买行为，从普通的广告用户转化为注册用户或购买用户的比率。例如，有100人点击广告进入了推广页面，其中50人成功注册或直接下单购买，那么广告转化率为50%。广告转化次数是按行为付费（Cost Per Action，CPA）、按出售付费（Cost Per Sales，CPS）模式的基础。

除了以上这些主要的评估指标外，针对不同的媒介平台和不同的广告传播方式，广告主还有许多特定的评价指标可以参考。例如，对社交媒体来说，广告的关注数、评论数、转发数、转发率、收藏数等都是广告主所关心的广告效果评估指标；而对移动广告来说，交互率、用户停留时长等也是有效的广告效果评估指标。此外,还有针对用户访问行为的初访率、回访率、平均访问次数、访问频次等评估指标。

9.4 网络与新媒体广告效果评估程序与方法

广告主要想顺利进行网络与新媒体广告效果评估,一定要按照恰当的程序,采用合理的评估方法,才能准确地评估网络与新媒体广告的效果,为制订下一步的广告策略提供方向。

9.4.1 网络与新媒体广告效果评估的程序

目前,网络与新媒体广告效果评估的程序主要分为以下7步。

1. 确定评估的具体内容

广告主在评估广告效果之前,要先决定评估的具体内容,同时确定从哪些方面对该内容进行剖析。这就要求广告效果评估人员把广告活动中存在的最关键和最迫切需要了解的问题定为评估重点,设立正式的评估目标,选定评估课题。

2. 制订评估计划

基于广告主与广告效果评估人员的洽谈协商,广告公司应当委派课题负责人撰写出与实际情况相符的评估广告效果的工作计划,具体内容包括课题进度步骤、调查范围与内容,以及人员组织等。

3. 组建调查研究组

在确定了广告效果评估课题并签订评估合同以后,广告公司的评估研究部门要根据广告主所提课题的要求进行综合考虑,组建调查研究组来组建调查研究组,选好课题负责人,根据课题的要求分工进行课题研究。

4. 搜集相关资料

广告效果调查研究组成立之后,要按照评估课题的要求搜集相关资料。其中企业外部资料包括:与企业广告促销活动有联系的政策、法规、计划及部分统计资料;企业所在地的经济状况、市场供求变化状况、主要媒体状况、目标市场上受众的媒体习惯,以及同行竞争企业的广告促销状况等。企业内部资料应包括企业近年来的销售和利润状况、广告预算状况、广告媒体选择情况,以及通过统计工具获取的数据等。

在大数据时代,广告主可以借助网络服务提供商(Internet Service Provider,ISP)或网络内容提供商(Internet Content Provider,ICP)的访问统计工具获得评估数据。这些访问统计工具可以随时监测受众对网络与新媒体广告的反应情况并进行分析,然后生成相应的报表,广告主可以随时了解相关的信息。

广告效果评估特别强调公正性,所以广告主最好委托第三方机构独立进行监测来获取评估数据。传统媒体广告在这方面已经形成一套行之有效的审计认证制度,并且也有专门的机构从事这一工作,如中国广视索福瑞媒介研究有限责任公司等。第三方机构独立于ISP或ICP之外,所以在客观性上有所提高,减少了作弊的可能,增强了统计数据的可信度。国外也有一些网络调查公司,利用对网络受众的随机抽样来评估网络与新媒体广告行为,为广告主提供评估数据。

5. 整理和分析资料

整理和分析资料是指对通过调查或其他方法所搜集到的大量信息资料进行分类整理、综合分析和专题分析。分类整理的基本方法有按照时间序列分类、按照问题分类、按照专题分类、按照因素分类等。分类整理之后，广告效果调查研究组要对资料进行初步分析，挑选出可以用于广告效果评估的资料。

6. 论证分析结果

广告效果调查研究组召开分析结果论证会，并邀请社会上的有关专家、学者参与，广告主有关负责人也要出席会议。双方运用科学的方法对广告效果的评估结果进行全方位的评议论证，以使评估结果更科学、更合理。

7. 撰写评估分析报告

广告策划者要把最后的论证分析结果进行文字加工，撰写成广告效果评估分析报告，其内容主要包括以下几点。

（1）阐述广告效果评估的背景、目的与意义。

（2）简述广告主的基本情况。

（3）论述广告效果评估的调查内容、调查范围与基本方法。

（4）阐述广告效果评估的实际步骤。

（5）陈述广告效果评估的具体结果。

（6）提出改善广告促销的具体意见。

9.4.2　网络与新媒体广告效果评估的方法

根据使用评估指标的情况，网络与新媒体广告效果评估的方法大体上可以分为单一指标评估法和综合指标评估法两大类。

1. 单一指标评估法

单一指标评估法是指根据广告主明确的广告目标，采取适当的单个指标来对网络广告效果进行评估的方法。如果广告主追求的广告目标是提升和强化品牌形象，只需选择与此相关的指标，如页面访问量、用户停留时间等来评估广告效果；如果广告主追求的广告目标是销售收入，就需要选择转化率、广告收入、广告支出等指标来进行评估。

2. 综合指标评估法

综合指标评估法是指对广告效果进行评估时使用的不是简单的某个指标，而是在配合使用几个指标的基础上对广告效果进行综合评估的方法。综合指标评估法有以下两种，分别从不同方面反映了网络与新媒体广告的效果。

（1）传播效能评估法

传播效能是指随着广告的刊登，广告宣传对象的信息不断传播，产生了对品牌形象和产品销售潜力的影响，这种影响侧重于长期、综合的效果。

传播效能评估法，就是在投放广告后的一定时间内，对广告产生效果的不同层面赋予权重，以判别不同广告所产生效果之间的差异。权重的设定对最后的计算结果影响很大，每次点击的权重设定不一样，其结果就会不一样。因此，权重的设定需要对浏览量、点击量与实际购买量的比例进行准确的统计分析,要在分析大量统计材料后得出一个准确的统计结果。

这种方法实际上是对不同广告形式、不同投放媒介、不同投放周期等情况下的广告效果的比较,而不仅仅反映某次广告投放所产生的效果。显然,传播效能评估法要建立在对广告效果有基本监测统计手段的基础之上。

（2）耦合转化贡献率评估法

广告主在以往的广告经验基础上会产生一个购买次数与点击次数的经验比值,根据该比值即可估算广告在刊登时一定的点击次数可以产生的购买转化次数。而广告的最终转化次数可能与估计值并不完全吻合,所以就产生了实际转化次数相对于预期转化次数的变化率,即该广告的耦合转化贡献率。

例如,某广告主在A、B两家网站上刊登了一则广告,刊登周期为1个月。广告刊登结束以后,A、B两家网站向广告主提供了该广告在网站上的访问量,分别为5102和3051,而受到广告的影响而产生的购买次数分别为102和124。

根据一般情况下的统计数据,每100次访问量可以形成2次实际购买量。下面我们分别采用传播效能评估法和耦合转化贡献率评估法来进行评估。

我们可以将实际购买的权重设定为1,每次访问的权重设定为0.02,这样就可以计算出网络广告在A、B两家网站刊登后产生的传播效能。

广告在A网站上产生的传播效能:$102 \times 1 + 5102 \times 0.02 = 204.04$。

广告在B网站上产生的传播效能:$124 \times 1 + 3051 \times 0.02 = 185.02$。

由于每100次的访问量可以形成2次实际购买量,按照这一经验预测,网络广告在B网站产生3051次点击,大概有61次购买量,而实际购买量是124次,实际转化相对于预期转化有了变化,其变化幅度就是该网络广告与网站B的耦合转化贡献率。下面分别计算该广告与两个网站的耦合转化、贡献率。

广告与A网站的耦合转化贡献率:$102 \div (5102 \times 0.02) \times 100\% \approx 99.96\%$。

广告与B网站的耦合转化贡献率:$124 \div (3051 \times 0.02) \times 100\% \approx 203.21\%$。

可以看出,广告在A网站刊登获得的实际转化率与在B网站刊登获得的实际转化率相差很大,但其传播效能较高,有利于提升品牌形象,促进以后的产品销售。广告在B网站刊登的耦合转化贡献率较高,可以在短期内获得较好的销售效果,但对提升品牌形象和促进之后的产品销售影响力并不大。

因此,如果广告主刊登广告的目的侧重于追求品牌形象的提升和长期的销售影响,就应选择在A网站刊登广告;如果广告主刊登广告的目的侧重于促进产品销售,提高销售收入,就应在B网站刊登广告。

最后需要说明的是,一则广告在大多数情况下无法做到在多重效果上都达到最优,只能在某一方面的效果达到最优,因此广告主在评估广告效果时,不要片面地以某个方面或某些方面的效果对广告效果下定论,而应综合考虑多方面的效果。

另外,广告主要将效果评估与广告目的联系起来,只要评估的结果有利于广告目的,就可以说广告是有效果的。因此,广告主在刊登广告之前一定要明确广告目的,选择适合自己广告目的的平台刊登广告。

【课后习题】

1．简述网络与新媒体广告效果评估的原则。

2．简述网络与新媒体广告效果评估的标准。

3．简述网络与新媒体广告效果评估的指标。

4．简述网络与新媒体广告效果评估的方法。